钟泰
著作集

荀注订补

上海古籍出版社

钟泰／著　　杨立军／整理

图书在版编目(CIP)数据

荀注订补 / 钟泰著 ；杨立军整理. -- 上海 ：上海
古籍出版社，2025. 5. -- ISBN 978-7-5732-1653-3

Ⅰ. B222.62

中国国家版本馆 CIP 数据核字第 2025JX6540 号

荀注订补

钟　泰　著

杨立军　整理

出版发行　上海古籍出版社

地　　址　上海市闵行区号景路 159 弄 1 - 5 号 A 座 5F

邮政编码　201101

网　　址　www.guji.com.cn

E-mail　guji1@guji.com.cn

印　　刷　启东市人民印刷有限公司印刷

开　　本　787×1092　1/32

印　　张　5.5

插　　页　2

字　　数　97,000

版　　次　2025 年 5 月第 1 版　2025 年 5 月第 1 次印刷

印　　数　1—1,300

书　　号　ISBN 978 - 7 - 5732 - 1653 - 3/B · 1466

定　　价　36.00 元

如有质量问题,请与承印公司联系

整 理 说 明

儒家自孔子后,以孟、荀为两大宗。宋人推尊孟子,以为孔子嫡传,而荀书于孟子不无龃龉,故治之者少,清前唯有唐杨倞注本。清代朴学大兴,汉学家以考据训诂之法治经之余,兼及子部,遂有《荀子集解》《荀子考证》之作,收治荀者如王引之、俞樾、王先谦、章太炎等十数家言,荀学乃得大进。诸家喜纠杨氏之误,然有杨氏不误而诸家实误者,有虽正其误而言未切者,有双方均未及者,钟泰一一标出,并下案语表明己意,训诂、义理并重,成《荀注订补》一书,不但纠正前人之失,且使荀学精微处得以昭明。

本次整理,以上海商务印书馆 1936 年版排印本为底本,施以新式标点,钟泰引荀书,与原文偶有出入,然大意不差,故一仍其旧,少量笔误则径改不出校记。

目　　录

序

　　荀子为儒学大宗。而其书自唐杨倞外，别无注本。盖由宋以来，学者既推尊孟子，以为得孔氏之正传，荀书于孟子不无龃龉，故治之者少也。然黄东发有校正杨注两则，见于《日钞》。一曰："注于'驽马十驾'之下云'有缺文'。愚案'驽马十驾，功在不舍'此二句正相联属，若曰马驽而能致十驾之远者，功在于行而不止耳。"一曰："'以狐父之戈钃牛矢'注云'喻以贵用贱，其说未闻'。愚案此章戒斗，谓好斗者不足与之较也。狐父之戈良器也，牛矢至贱也，而钃之，是自亵其良也，君子与小人斗之譬也，若曰千钧之弩为鼷鼠发机云尔，何未闻之有？"其论皆颇精审。则杨注之未尽当，宋人固有议之者矣。迨于有清，校书之风大盛，又经师于穷经之余，率好兼及丙部，于是如卢抱经、顾涧薲、刘端临、汪容甫、郝兰皋、王念孙父子下逮俞荫甫、郭筠仙之伦，于荀书注释并有所订正发明，先后殆不下十数家。王益吾乃裒而辑之，时附己意，以为《荀子集解》一书焉。至是读荀子者无

1

不庆，以为得善本。前数年蜀中有《荀子考证》之刻，于《集解》诸家外，更益以孙仲容、刘申叔、章太炎三家，盖视《集解》又加密矣。然间尝取二书而读之，诸家喜纠发杨氏之误，即亦有杨本不误而自说实误者，亦有虽能正杨之误而所诠仍未当于荀旨者。大抵书有疑义，所以决之，不出四端：一曰训诂之相通，二曰他书之所引，三曰文势之相接，四曰义理之所安。诸家既屏斥义理不欲言，而于文章衔接与否，又往往忽不经意，则其不能无失，固势有必然者矣。如《不苟篇》"不诚则不独，不独则不形"，俞荫甫曰："上文云'致诚则无他事矣'，所谓'独'者，即'无他事'之谓。"解"独"为"无他事"，此古所未闻也。且上文方言"顺命以慎其独"，慎独可谓之慎其无他事乎？《天论篇》"君子敬其在己者"，俞荫甫曰："'敬'当为'苟'。《说文》：'苟，自急敕也。'《经典》通作'亟'。"若是，则《易》之"敬以直内"，《论语》之"修己以敬"，亦当谓亟以直内、修己以亟乎？此无他，不欲如宋儒之言慎独、言持敬，故持论不复顾夫义理之安否也。《非相篇》"观人以言美于黼黻文章"，王怀祖曰："'观'当作'劝'。'劝人以言'，谓以善言劝人也。"不知下文曰"听人以言乐于钟鼓琴瑟"，"观人""听人"，文正相对。且惟言"观"，故曰"美于黼黻文章"，若言"劝人"，则何为以黼黻文章相喻乎？《正论篇》"是非以圣王为师"，王伯申曰："'是非'当作'莫非'。"不知上文言"无隆正则是非不分"，又言"天下之大隆是非之

2

分界",此云"是非",即承上文而言,谓是与非必以圣王为师也,岂得率尔改字乎? 推此所由以致误,则又于前后文势承接不加细考之过也。夫不考文势,其失易见,即误人亦浅。若夫逞其私臆,变易义理,学者不察,或乐其浅易,或喜其新奇,则不独有违一书本意,亦且贻害于心术,此其误人之深,君子不得不为之惧焉。泰何人,岂敢与诸老先生争一日之短长哉? 顾愚妄所见,考之于文,揆之于理,觉实有非此不能安者。讲论之余,辄复札而记之,积以时日,不觉盈帙。二三朋好以为是未可以自私也,怂恿以付剞劂。因述其所以不能苟同前贤之故,以弁于端,而名其书曰《荀注订补》云。中华民国二十有五年春三月,江宁钟泰自序于秦望山麓露桃烟竹之轩。

劝学篇第一

强自取柱,柔自取束。

杨注:凡物强则以为柱而任劳,柔则见束而约急,皆其自取也。○王引之曰:杨说强自取柱之义甚迂,柱当读为祝。祝,断也。

案:柱即拄也。强者可取以拄物,如竹木是也;柔者可取以束物,如皮韦是也。而自竹木与皮韦言之,则皆所自取也。杨注不误,特言之未分明耳。王训柱与祝通谓之断,断与束义岂相称乎? 斥杨为迂,而不知其迂尤甚也。

昔者瓠巴鼓瑟而流鱼出听至**为善不积邪? 安有不闻者乎?**

案:此一段当并入上节。首以"积土成山、积水成渊、积善成德"起,末以"为善不积"积字终,首尾正相应。划入下节,则于前语气为未完,而于后文反为冗赘矣。

其数则始乎诵经。

杨注:数,术也。

1

案：数犹言程也。术字之训未确。

故学至乎礼而止矣，夫是之谓道德之极。礼之敬文也，乐之中和也，《诗》《书》之博也，《春秋》之微也，在天地之间者毕矣。

案："学至乎礼而止矣"，此专言之礼也。"礼之敬文也"，与"乐之中和""《诗》《书》之博""《春秋》之微"并言，此偏言之礼也。偏言之礼，与《诗》《书》乐《春秋》对；专言之礼，则《诗》《书》礼乐《春秋》皆在其中。故曰："在天地之间者毕矣。"谓毕于礼也。《伊川易传》谓"四德之元犹五常之仁，偏言则一事，专言则包四者"，荀子之言礼，盖与伊川言元、言仁同，注解于此皆未了。

端而言，蠕而动。

杨注：端读为喘。喘，微言也。蠕，微动也。

案：喘，言貌。蠕，动貌。注谓微言微动，失之支。

方其人之习君子之说，则尊以遍矣，周于世矣。

案：此"其人"即"学莫便乎近其人"之"其人"。其曰"习君子之说则尊以遍、周于世"者，盖对上"礼乐法而不说"三句言。"君子"谓孔子也，言其习孔子之说，通于《诗》《书》礼乐之故，非仅得其一体也，故曰"尊以遍"。以此应世则无有不周，故又曰"周于世"。惟其人如此，故曰"学莫便乎近其人"。解者率以"其人"与"君子"牵混为一，故缴绕而不可通。

安特将学杂识志顺《诗》《书》而已耳。

王引之曰：此文本作"安特将学杂志顺《诗》《书》而已耳"。志即古识字也。"学杂志""顺《诗》《书》"，皆三字为句。多一识字，则重复而累于词矣。

案：王说未必然。"杂识志"与"顺《诗》《书》"对文，学字当略读，言所学如此也。学字为一篇之纲，故处处特提之。

以戈春黍也，以锥餐壶也。

王先谦曰："以锥餐壶"，言以锥代箸也。古人贮食以壶。

案："以戈春黍""以锥餐壶"，壶与黍对文，即《诗》"八月断壶"之"壶"，盖"瓠"之假借字也。王以壶飧解之，尚未的。

隆礼虽未明，法士也。

王先谦曰：法士，即好礼之士。

案：法士，即《小戴·经解》所云"隆礼由礼，谓之有方之士者也"。方与法一义，不必即指礼为法。

匪交匪舒。

王引之曰：交读为姣。《广雅》曰："姣，侮也。"

案：交通绞。绞，急也。"匪交匪舒"，言不绞急、不舒急也。王说失之。

目好之五色，耳好之五声，口好之五味，心利之有天下。

俞樾曰：古之字、于字通用。《大戴礼·事父母篇》曰：

"养之内，养之外。"之内、之外，即于内、于外也。

案："目好之五色"四句，皆当于之字略读。意谓目好之，则是即五色也；耳好之，则是即五声也；口好之，则是即五味也；心利之，则是即有天下也。与孟子言"礼义之悦我心，犹刍豢之悦我口"同意，不得如俞说解之为于。且《大戴》曰"养之内，养之外"，之乃父母之代字，而于为省辞，非之即于也。俞说殆不可通。

天见其明，地见其光，君子贵其全也。

俞樾曰：按两见字并当作贵。

案："天见其明"，高明配天之义也；"地见其光"，博厚配地之义也。君子德配天地之谓全，故言"君子贵全"，先举天地以发之。如俞说改见为贵，文则顺矣，而义则浅矣。

修身篇第二

见善修然，必以自存也。

杨注：修然，整饬貌，言见善必自整饬，使存于身也。○王念孙曰：《尔雅》："存、在，省察也。"见善必以自存者，察己之有善与否也；见不善必以自省者，察己之有不善与否也。杨解"自存"失之。

案：杨注见善必使存于身，说未为失。如王训存为察，则与修然字义反不贯。前篇曰："为其人以处之。"存，在也；在，居也；居，处也。自存者，即为其人以处之之谓。且下文曰"善在身不善在身"云云，即根存字来。存之训在而不训察，明矣。

扁善之度。

卢文弨曰：案扁，《外传》作辩，则扁当训平。郝懿行曰：扁当为辩。《韩诗外传》一作辩，是也。辩训平也，治也。

案：卢、郝训扁为平，是也，而意尚未尽。平者中也。

《礼论》曰："礼者断长续短,损有余益不足。"无余无不足之谓中,观用度字可见也。

治气养心之术。

杨注:言以礼修身,是亦治气养心之术,不必如彭祖也。○王先谦曰:此与上言"扁善之度"各自为义。上言"治气养生",故以"后彭祖"为说,然其道不外由礼,故下文曰"礼信"是也。此自论治气养心之术,与上不相蒙,杨乃云以礼修身,不必如彭祖,谬矣。

案:此节所论正是礼。盖礼者损有余益不足,裁之以归于至正。故末曰:"凡治气养心之术,莫径由礼,莫要得师,莫神一好。"杨注本不误,王氏乃斥之为谬,异矣。

又案:第三节承第一节,第四节承第二节,文理甚明,何以云此与上不相蒙?

勇胆猛戾则辅之以道顺。

俞樾曰:顺当读为训。

案:道、顺一义。《书·禹贡》"九河既道",谓顺其道也。是道亦有顺义。道顺皆猛戾之反。

又案:顺与训、驯、逊,古并通。

事乱君而通,不如事穷君而顺焉。

郭嵩焘曰:通则言听计从恣其所欲为,顺则委身以从之而已。

案:得位之谓通,行道之谓顺。郭以顺为委身从之,非也。

程役而不录。

杨注：程,功程。役,劳役。录,检束也。

案："程役而不录",对"拘守而详"言。录与虑同声相借,虑之言省也,程役谓勉应期程,如赴役然,谓其非出自本心也,故曰不省。不省与不详对,非与拘守对。杨解录为检束,非是。

夫坚白、同异、有厚无厚之察,非不察也。

杨注引《庄子·天下篇》"无厚不可积"为说曰：无厚不可积,因于有厚可积。

案：今《邓析子》有《无厚篇》。荀子屡言惠施、邓析,此有厚无厚之说必出于邓析无疑。《邓析子》虽伪书,然其篇名当有所据。杨氏"无厚不可积有厚可积"云云,特求其说而不得,从而为之辞耳。

故学曰迟,彼止而待我,我行而就之。

杨注：学曰,谓为学者传此言也。迟,待也。○王念孙曰：学曰疑当作学者。

案："学曰迟"句,犹学之为言迟也。疑古有是语,而荀子引之。迟训待不误,王氏改学曰为学者,则迟字不属矣。

道虽迩,不行不至;事虽小,不为不成。其为人也多暇日者,其出入不远矣。

郝懿行曰：出入,疑当作出人。○王念孙曰：出入当为出人。

案：出入字不误，即前篇所谓"一出焉，一入焉，涂巷之人也"。郝王欲改入为人，非荀书义。

又案：此六句当属上，不得另为一节。

好法而行，士也至**圣人也**节。**人无法则伥伥然**至**然后温温然**节。

案：此二节当合并为一节。无法则伥伥然，承好法而行言；有法而无志其义，承笃志而体言；依乎法而又深其类，承齐明而不竭言。惟深其类，所以不竭也。

有法而无志其义。

杨注：志，识也。

案：志即笃志之志，杨训志为识，非也。

不穷穷而通者积焉。

杨注：积，填委也。

案：积犹聚也。

人有此三行，虽有大过，天其不遂乎。

俞樾曰：过当为祸。

案：俞说过与祸通，是也。此正对上"陷刑戮"言。

君子贫穷而志广，隆仁也。

杨注：仁爱之心厚，故所思者广，言务于远大济物也。

案：隆，尊也。以仁为尊，故虽贫穷而志广，即曾子所谓"彼以其富我以其仁，彼以其爵我以其义，吾何慊者也"。

杨注未得其义。

富贵而体恭,杀执也。

杨注：减权势之威,故形体恭谨。

案：杀与隆对。隆,尊也;杀,卑也。不得作减字解。

安燕而血气不惰,柬理也。

杨注：柬与简同,言简择其事理所宜,而不务骄逸。○
刘师培曰：柬当作娴。柬与简通,简与闲通,闲与懒通。

案：柬与闲通,闲有检束义,谓检束于理也,理谓礼也。

不苟篇第三

然而君子不贵者,非礼义之中也。

杨注:礼义之中,时止则止,时行则行,不必枯槁赴渊也。

案:中犹当也。观后文曰:"君子行不贵苟难,说不贵苟察,名不贵苟传,唯其当之为贵。"以当为言,可知。

欲利而不为所非。

杨注:心以为非,则舍之。

案:所非,谓非义也。杨注迂。

言辩而不辞。

郝懿行曰:《韩诗外传·二》辞作乱。○王念孙曰:不辞当作不乱。

案:辞与非为韵,作辞是也。辞谓多文辞,郝、王说非也。

人污而修之者。

俞樾曰:修当读为涤。涤从条声,条从攸声,修亦从攸声,声同之字故亦得通行。

案:修即修身之修。《楚辞》言"好修",多有好洁义,修之即洁之也。且言去污而易之以修可,言去污而易之以涤,尚复成何辞乎? 俞说殊非是。

诚心守仁则形。

杨注:诚心守于仁爱,则必形见于外。

案:诚心守仁则形,形之为言显也。《易》曰"显诸仁",非形见于外之谓也。杨注失之。

夫此有常以至其诚者也。

杨注:至,极也。

案:至与上"致"同。至其诚,即致诚也。

不诚则不独,不独则不形。

杨注:不能慎其独,故其德亦不能形见于外。〇俞樾曰:上文云"致诚则无它事矣,唯仁之为守,唯义之为形"。所谓独者,即无它事之谓。唯仁唯义,故无它事,无它事是谓独,故曰"不诚则不独,不独则不形"。

案:庄子曰"朝彻而后能见独",此云不诚则不独,语意相似。独自有一番光景,乃实理,非虚辞也。以人所不见释之,已嫌不切,俞直以为无他事之谓,真呓语也。

操而得之则轻,轻则独行。

杨注:举至诚而不难,则慎独之事自行矣。

案:独是本体,慎独是工夫。杨屡以慎独解独,混工夫于本体,非也。

百王之道,后王是也。

杨注:后王,当今之王。

案:后王谓周。杨注云"当今之王",语嫌混,说见后。

言无常信,行无常贞,唯利所在,无所不倾。

俞樾曰:倾犹尽也。无所不倾,即无所不尽。

案:倾,颇也,偏也。俞训为尽,与上文不属。且下二节言"偏生暗",言"偏伤之也",皆承此而言,则倾之为偏无疑。

欲恶取舍之权。

杨注:举下事也。〇顾千里曰:案"欲恶取舍之权",疑当作欲恶利害句取舍之权句,脱利害二字。

案:"欲恶取舍之权"六字并无脱衍。此犹《王制篇》言"王者之人"、"王者之制",皆一节之提纲,与下文不相属者也。杨注曰"举下事",其意甚明。顾欲补入利害二字,直臆说也。又下篇"荣辱之大分,安危利害之常体"云云,亦同此例。

荣辱篇第四

为事利。

杨注：为，于伪反。

案："为事利"，与下文"为倚事"，两"为"同，皆读平声。注谓于伪反，误。

政令法，举措时，听公断。

杨注：举措时，谓兴力役不夺农时也。

案：举措时，谓举措得其时宜也，非使民以时不违农时之谓。杨注误。

虑之难知也，行之难安也，持之难立也。

杨注：虑之难知，谓人难测其奸诈。行之难安，言易颠覆也。持之难立，谓难扶持之也。○王念孙曰：此言小人虑事不能知也。盖公生明，私生暗，小人之思虑，不足以知事，故曰虑之难知。

案：虑之难知，行之难安，持之难立，皆言其势不顺。王说亦未得其意。盖难者其事之本难，非由小人不能知、不

13

能行、不能持也。

然而人力为此而寡为彼。

俞樾曰：力为多字之误，与寡对文。

案："力为"，力字不误。上言"疾为诞"、"疾为诈"，彼言疾为，此言力为，疾力一也。俞欲改力为多，殊非书旨。

曰陋也。

杨注：言人不为彼尧禹而为此桀跖，由于性之固陋也。

案：《修身篇》曰："少见曰陋。"后文以陋与塞与愚并言，正少见之谓，盖言不学也。杨注"由于性之固陋"，以陋属性言，非是。

夫起于变故成乎修。

杨注：变故，患难事故也。

案：变犹化也，即化性之谓。故犹习也。杨注谓患难事故，非是。

是若不行，则汤武在上曷益？桀纣在上曷损？

杨注：若不行告示之道，则汤武何益于天下？桀纣何损于百姓？所以贵汤武贱桀纣，以行与不行耳。○王念孙曰："是若不行"，是字承上文"告之示之"四句而言。言民从告示，故汤武在上则治，桀纣在上则乱。若民不从告示，则汤武在上何益，桀纣在上亦何损乎。杨注失之。

案：是若不行，即不告之示之，孟子所谓"中也弃不中，才也弃不才"也。杨注意是而辞未达。王氏改为民不从告示,转支离矣。

非不欲也,几不长虑顾后而恐无以继之故也?

王念孙曰:案"非不欲也"二句,文意紧相承接,中不当有"几不"二字,盖涉下文"几不甚善"而衍。

案:"几不"非衍文。"也"读为邪,几不犹岂非,言岂非长虑顾后而恐无以继之故邪。上接何也,《儒效篇》:"然而人谓之富何也,岂不大富之器诚在此也?"与此文法正相类。

俄则屈安穷矣。

杨注:安,语助也。

案:安与焉通,屈安穷即屈焉穷。

其汸长矣,其温厚矣,其功盛姚远矣。

杨注:汸,古流字。温,犹足也。言先王之道于生人,其为温足也亦厚矣。姚与遥同,言功业之盛甚长远也。○郝懿行曰:温与蕴同。蕴者积也。杨注非。○王引之曰:杨读盛为茂盛之盛,非也。盛读为成,成亦功也,姚亦远也,言其功甚远也。成与盛古同声而通用。

案:其功与其流、其蕴对文,盛不必与功字相属,仍以从杨注为是。

反鈆察之而俞可好也。

杨注:鈆与沿同,循也。既知礼乐之后,却循察之,俞

15

可好而不厌。○王先谦曰：杨反字无注，而以却字代释之，非也。反者反复也。反鈆察之者，反复沿循而察之。

案：反铅二字连文。铅，循也，还也。反铅，犹反还也。

非相篇第五

突秃长左轩较之下而以楚霸。

杨注：长左，左脚长也。《说文》云："轩，曲辀也。"郑注《考工记》云："较，两轵上出式者。"〇刘师培曰：轩较之较系骹字之讹。《说文》："骹，胫也。"轩者前高，轩骹者骹形高大之谓也。之下当作乏下。

案：如刘说则长左当谓臂。

又案：较读如角。轩较者，头角隆起也。乏下者，面下削也。刘以乏下为短胫亦非。长左仍当依杨注。

故事不揣长，不揳大，不权轻重，亦将志乎尔。

杨注：言不论形状长短大小肥瘠，唯在志意修饬耳。〇卢文弨曰：案注以志意二字训志字，增一字成文耳。宋本作"亦将志乎心尔"，心字衍。〇王先谦曰：此承上文，言古之闻人不以相论，故事不揣絜长大轻重，亦且有志于彼数圣贤也。杨注非。

案：宋本有"心"者是也。志读如识。识，量也，度也。

17

意谓不必揣长短、絜大小、权轻重,固将度之于心耳。此盖以起下"长短、小大、美恶形相非论"之文,而与下长短、小大字不相涉。下之长短、小大言人之形,此之长短、小大、轻重特泛言权衡之道,亦如孟子云"权然后知轻重,度然后知长短,物皆然,心唯甚"之意。各家皆未得其解。

是非容貌之患也,闻见之不众论议之卑尔,然则从者将孰可也?

卢文弨曰:《非相篇》当止于此。下文所论较大,并与相人无与,疑是《荣辱篇》错简于此。

案:下文所论乃所谓论心择术之道,正承上文来,不得谓之非本篇之文。

故曰:欲观圣王之迹,则于其粲然者矣,后王是也。

杨注:后王,近时之王也。司马迁曰:"法后王者,以其近己而俗相类,议卑而易行也。"○刘台拱曰:后王谓文武也。杨注非。○汪中曰:《史记》引法后王,盖如赋《诗》之断章耳,此注承其误。○王念孙曰:后王二字,本篇一见,《不苟篇》一见,《儒效篇》二见,《王制篇》一见,《正名篇》三见,《成相篇》一见,皆指文武而言。杨注皆误。○俞樾曰:刘、汪、王三君之说,皆有意为荀子补弊扶偏,而实非其雅意也。盖孟子言法先王而荀子言法后王,亦犹孟子言性善荀子言性恶,各成其是,初不相谋。比而同之,斯惑矣。《吕氏春秋·察今篇》曰:"上胡不法先王之法?治非不贤也,为其

18

不可得而法。"盖当时之论,固多如此。

案:荀子所云后王,或指三代,或指周。或指三代者,《儒效篇》曰:"道过三代谓之荡,法贰后王谓之不雅。"以后王三代对举,是也。或指周者,此篇下文曰"欲知上世则审周道",又曰"禹汤有传政而不若周之察也"是也。周之道盛于文武,子贡所谓"文武之道,未坠于地",孔子所云"文武之政,布在方策",称述周道必曰文武,荀子固亦犹是耳。刘、汪、王三氏之说甚确,而俞曲园乃以为"为荀补弊扶偏而实非其雅意",岂未考荀子本书耶?

其所见焉犹可欺也,而况于千世之传也。妄人者门庭之间犹可诬欺也,而况于千世之上乎。

俞樾曰:可字衍文,涉上文"犹可欺也"而衍。诬乃挟之误,《韩诗外传》作"彼诈人者门庭之间犹挟欺,而况乎千岁之上乎",可据以订正。

案:诬即欺也。可诬可欺对文,诬下不当有欺字,盖涉上而衍。又荀书自作可诬,不必用《外传》改荀书也。

以类度类。

杨注:类,种类,谓若牛马也。

案:类谓事类,非牛马之类也。注失之。

传者久则论略,近则论详。略则举大,详则举小。

俞樾曰:两论字皆俞字之误,俞读为愈。《韩诗外传》正作"久则愈略,近则愈详",可据订。

案：论字不误，论与下举字对。论有详略，故举有大小也。俞说非是，《韩诗外传》亦未可据。

法先王，顺礼义，党学者。

杨注：党，亲比也。○郝懿行曰：注云"党，亲比"，非也。《方言》"党，知也"，郭注"党，朗也，解悟貌"。此则党为晓了之意。○俞樾曰：《方言》曰："党、晓、哲、知也。楚谓之党，或曰晓，齐宋之间谓之哲。"荀卿居楚久，故楚言耳。

案：党当从杨注为是。下文言"不好言，不乐言，则必非诚士也"。夫言者，所以晓人，若此训晓，则既有以语之矣，不必更言好言乐言，更不必言君子必辩矣。

故君子之于言也，志好之，行安之，乐言之，故君子必辩。

王引之曰："故君子之于言也"，言当为善。善字本作譱，脱其半而为言，又涉上下文言字而误也。志好之，行安之，乐言之，三之字皆指善而言。下文云"凡人莫不好言其所善，而君子为甚"，是其明证矣。

案：言字不误。下文亦曰"君子之于言无厌"，此言谓先王之言，于乐言字不相犯也。详上下文义可知。王说殊失之武断。

观人以言美于黼黻文章。

王念孙曰：案观本作劝。劝人以言，谓以善言劝人也，故曰美于黼黻文章。若观人以言，则何美之有？《艺文类

20

聚·人部·十五》正引作"劝人以言"。

案：观读去声，示也。下言"听人以言，乐于钟鼓琴瑟"，观与听正一类，不得改字。《艺文类聚》引作劝，此误也，不可从。且言观可以曰美于黼黻文章，言劝则与黼黻文章何涉乎？王氏盖未之思耳。

故君子之度己则以绳，接人则用抴。

杨注：抴，牵引也。度己犹正己也。

案：度己之度，即前"圣人以己度者也"之度。此言度己以绳，犹《大学》言絜矩之道，非谓正己也。杨注非。

又案：抴者弓抴。言绳者取其直，言抴者取其曲。故上文一则曰"未可直"，再则曰"曲得所谓"。

接人用抴，故能宽容因求以成天下之大事矣。

杨注：成事在众。○王念孙曰：因求二字义不可通，求当为众，字之误也。唯宽容故能因众以成事。杨注云成事在众，言众而不言求，则求为众之误甚明。

案：求字不误。求读如救，即下文谋救是也。抴者所以正弓，接人用抴者，亦取其能救正人之失耳。若但言宽容因众而无救字，则与抴之取义全不相涉矣。

又案：因救亦二字连文。因者因其善，救者救其不善也。

虽不说人，人莫不贵。

杨注：不说犹贵，况其说之。

案：不说人之说当读悦，谓虽不取悦于人也。

居错迁徙，应变不穷。

王念孙曰：居读为举。言或举或错或迁徙，皆随变应之而不穷也。《王制篇》曰："举错应变而不穷。"《君道篇》曰："与之举错迁移，而观其能应变也。"《礼论篇》曰："将举错之迁徙之。"皆其证矣。举与居古字通。

案：居错一义。迁徙一义。居错犹言错置，不得如王说谓或举或错也。《君道篇》"举错迁移"，《礼论篇》"举错迁徙"，并同。

文而致实，博而党正，是士君子之辩者也。

案：文与实对。文而致实，文而尽于实也。博与正对。博而党正，党，比也，博而比于正也。

非十二子篇第六

不足以合大众,明大分。

杨注:大分,谓忠孝之大义也。

案:分谓上下贵贱之分。杨注忠孝之大义,非荀旨。

曾不足以容辨异,县君臣。

杨注:上下同等,则其中不容分别,而县隔君臣也。

案:县之为言殊也。

上则取听于上,下则取从于俗。

杨注:言苟顺上下意也。○王念孙曰:取听、取从,言能使上下皆听从之耳。杨云言苟顺上下意,失之。

案:如王说,则与下"欺惑愚众"意复,仍以依杨注为是。

案往旧造说,谓之五行。

杨注:五行,五常仁义礼智信是也。

案:五行,水火金木土也。五行自五行,五常自五常,杨以五常解五行,非是。

甚僻违而无类。

王念孙曰：类者法也。《方言》："类，法也。"

案：荀书每言伦类统类。僻违而无类，亦言其无统无伦耳。依本字可解，不必用《方言》解作法也。

以为仲尼、子游为兹厚于后世。

杨注：仲尼、子游为此，言垂德厚于后世也。○俞樾曰：厚犹重也。为兹厚于后世者，兹即指子思、孟子而言。盖荀子之意，谓仲尼、子游之道，不待子思、孟子而重，而世俗不知，以为仲尼、子游因此而得重于后世。故曰是则子思、孟轲之罪也。

案："以为仲尼、子游为兹厚于后世"云云，盖与上曰"此真先君子之言也"相应。兹即指五行之说。厚于后世，犹云赐于后世。杨注未尝误，特语欠明耳。若俞说转失之迂曲，且罪荀旨。

在一大夫之位，则一君不能独畜，一国不能独容。

杨注：言王者之佐，虽在下位，非诸侯所能畜，一国所能容。或曰：时君不知其贤，无一国一君能畜者。

案：杨注前说是。后说无一国一君能畜，与下"莫不愿得以为臣"显相悖，其失甚明。

言无用而辩，辩不惠而察。

王念孙曰：此本作无用而辩，不急而察。辩者智也，慧也，非辩论之辩。下文言辩而逆，乃及言论耳。无用而辩，即谓而无用,非谓言无用而辩也。不急而察,即察而不急,非谓辩不惠而察也。

案:言、辩字非衍文。荀书之所谓辩皆辩说,观上言辩而无用,乃以论名家之邓析、惠施可见也。至下文言辩而逆,亦正承此而言,不得谓下始及言论,而此谈智慧。王氏之说非是。

好奸而与众。

杨注:好奸而与众人共之,谓使人同之也。

案:与,党与也。与众,犹谓所与者众。与众与操僻用乏原作之,俞樾改乏字,是也。对文。杨注谓与众共之,误。

乐富贵者也。

杨注:乐其道也。○俞樾曰:乐富贵岂得谓乐其道?正文乐字疑涉注文而误。○王先谦曰:富字当是可字之误。正文言乐可贵者也,故注以乐其道释之,惟道为可贵也。○刘师培曰:富贵二字系良贵之讹。

案:富贵字不误。其曰乐富贵者,根上"仕士"来。孟子亦曰:"中天下而立,定四海之民,君子乐之。"杨注乐其道者,非解本文,乃因本文而推言之,以足其意。若曰乐富贵者非果以富贵为乐,亦乐其道之得行于天下耳。不得因注遽断本文之有误也。至下言"羞独富"与此亦不相犯,羞独富非羞富也。《中庸》曰:"大德者必得其位,必得其禄。"古人未尝以富贵为讳,以其不徒富贵也。后世无可以富贵之实,而顾徼富贵以自荣,其究或反至贼害于天下,于是富贵乃为污恶之名,群避之而不敢道。如俞、王、刘三氏疑富贵为讹字,皆以后世之见而测古人之言者也。

务事理者也。

杨注:务使事有条理。

案:事理二字并列,谓务事、务理,与上远罪过一例。杨注殊迂而失实。

俨然,壮然。

杨注:壮然,不可犯之貌。或当为庄。

案:壮读如庄,注"或当为庄",是也。

俭然,侈然,辅然,端然,訾然,洞然。

案:俭读如敛,谓自敛约也。又訾与疵同。訾然,不安貌,下"訾訾然"同。

酒食声色之中,则瞒瞒然,瞑瞑然。礼节之中,则疾疾然,訾訾然。

杨注:瞒瞒,闭目之貌。瞑瞑,视不审之貌。谓好悦之甚,佯若不视也。疾疾訾訾,谓憎疾毁訾也。

案:瞒瞒瞑瞑,皆言其昏迷。疾疾訾訾,皆言其不安。疾疾犹蹙蹙。杨注失之。

弟佗其冠,神禪其辞。

杨注:神禪当为冲淡,谓其言谈薄也。

案:前言士君子之容,皆上冠而下衣,无道其辞者,此辞字疑衣字之讹。且神禫字皆从衣,若非言衣,无为用衣旁之字也。或本为裔字。裔,衣裾也。裔与辞右旁相似,不知者误加辛为辞耳。

正其衣冠,齐其颜色,嗛然而终日不言,是子夏氏之贱儒也。

杨注:嗛与慊同,快也,谓自得之貌。○郝懿行曰:嗛犹谦也,抑退之貌。

案:《说文》:"嗛,口有所衔也。"此"嗛然"正用本义,盖讥之也。非谦退之谓,亦非自得貌也。

仲尼篇第七

是何也？曰：然彼诚可羞称也。

案：然犹则也，属下为句，不得读断。下文"然彼非平政教也"同。

其霸也宜哉。非幸也，数也。

杨注：其术数可霸，非为幸遇也。

案：言数，犹言理、言势，非术数之谓，注误。

能耐任之则慎行此道也。能而不耐任且恐失宠，则莫若早同之。

王念孙曰："能耐任之"、"能而不耐任"，两"能"字皆衍文，耐即能字也。又曰：而读为如，言如不能任其事，则莫若推贤让能也。

案："能耐任之"、"能而不耐任"，两"能"字皆非衍文。能耐字亦不复。能者其才能，实字也。耐者可以堪耐，虚字也。而亦当以本字读之，不读为如，犹言其能能任之，其能不能任也。

勇而好同必胜。

郭嵩焘曰：胜当读为识蒸切。《说文》："胜，任也。"言勇而好同，能尽人之力，则可以任天下之大事。

案：胜读如字。胜负者，勇者之所争，勉之以好同，故曰勇而好同必胜。郭说非。

以柔嗇而不行施，道乎上为重，招权于下以妨害人。

杨注：施道，施惠之道。欲重其威福，故招权使归于己。

案：当以"柔嗇而不行施"施字句绝。上言援贤博施，此言不行施，文正一例。道乎上为重句，道与诮同，道上以为重，与招权于下以妨害人对句。或"为重"上脱一以字。杨注不辞，亦失句读。

以事君则必通，以为仁则必圣。

俞樾曰：仁当作人，言以事君则必通达，以为人则必圣知也。

案："为仁"仁字不误。为仁孔门自有其说，观《论语》可见。俞说非也。

立隆而勿贰也。

案：隆即隆礼之隆，谓其所尊也，意即指礼言。

顿穷则从之，疾力以申重之。

杨注：疾力，勤力也。

案：疾力连文，疾亦力也。

儒效篇第八

履天子之籍。

杨注：籍，谓天下之图籍也。〇王念孙曰：籍者，位也，谓废履天子之位也。

案：籍通藉。藉，席也。言席犹言位。

周公归周。

杨注：周公所封畿内之国，亦名周。春秋周公黑肩，盖其后也。言周公自归其国也。〇王先谦曰：归周者，以周之天下归之成王，与"反籍于成王"文义一贯，故下文又以"归周反籍"连言，非谓自归其国。

案：王说是。"周公归周"当连下"反籍于成王"为一句。

天子也者，不可以少当也，不可以假摄为也。

杨注：不可少顷当此位也。

案：少，幼也。不可以少当，谓成王；不可以假摄，谓周公。

周公无天下矣,乡有天下,今无天下,非擅也。成王乡无天下,今有天下,非夺也。

杨注:擅与禅同,言非禅让与成王也。

案:擅与夺对,当如本训,不得作禅。

致贵其上者也。

杨注:致,极也。

案:致贵之致,即致君尧舜之致。注训为极,非也。

礼节修乎朝,法则度量正乎官。

杨注:官,百官。○王念孙曰:官与朝对文。《曲礼》:"在官言官,在朝言朝。"郑注曰:"官谓板图文书之处是也。"《富国篇》亦曰:"节奏齐于朝,百事齐于官。"杨云"官百官",失之。

案:古之所谓官,即后世之所谓衙署也。郑注亦未是,此不得引之。

先王之道,仁之隆也。

杨注:先王之道,谓儒学,仁人之所崇高也。

案:仁者人也,仁之隆者,人道之隆也。故下曰:"道者非天之道,非地之道,人之所以道也。"人之隆,钱本作仁人隆,此必旧有以人释仁,注人字于仁旁,后遂并入正文耳。仁不作仁义字解。

不恤是非然不然之情。

王引之曰:然不然,本作然不,即然否也。

31

荀 注 订 补

案：然不然，当时自有此语。观《庄子·齐物论》言"然于然，不然于不然"，可见也。荀书本不误，王氏乃欲以己意改之，异矣。

夫是之谓中事，夫是之谓中说，事行失中，知说失中。

案：中当读仲，言当也。前"比中而行之"之"中"亦同，与《中庸》之"中"异。

图回天下于掌上。

杨注：图，谋也。回，转也。言图谋运转天下之事如在掌上也。○俞樾曰：杨注图谋运转两义不伦，恐非其旨。图者圜之误字。《广雅·释诂》："圜，圆也。"圜回，犹圆转也。

案：俞说图为圆字之误，是也。圆与运通，回者转也，圆回运转一义。孟子亦曰："天下犹运之掌上。"

屑然藏千溢之宝。

郝懿行曰：屑，琐细之貌。至宝必不盈握，故以琐细言之。

案：屑，清也，洁也，屑然犹洁然。又屑修双声通转，屑然犹修然矣。非琐细之貌。千溢之宝不得谓之琐细也。

比周而誉俞少。

王念孙曰：誉非名誉，即与字也。言虽比周以求党与，而党与愈少也。下句"鄙争而名俞辱"，乃言名誉耳。

案：上云"贵名不可以比周争"，此云"比周而誉俞少"，誉自如本训，王说非是。

行法至坚。

王念孙曰：法者正也，言其行正，其志坚。故下句云："不以私欲乱所闻也。"

案：行法之法，即《劝学篇》法士之法。法曰法，守法亦曰法也。本字义自可明，不必以正训之，转失其义。

以桥饰其情性。

案：桥饰之饰，当读如饬。饬，正也。

上则能大其所隆。

王先谦曰：所隆，谓其所尊奉者，言能推崇其道而大之。

案：其所隆，谓其所尊事之人大其所隆，即前所谓"致贵其上"，非言推崇其道而大之也。王氏说误。

行礼要节而安之，若生四枝。

杨注：要，邀也。

案：要节之要当训约，下要时之要则训邀，二字不同义。杨注"要，邀也"，当在"要时"句下。

又："而安之"，而字疑衍，安之疑当作之安。下云"要时立功之巧，若诏四时平正和民之善，亿万之众而抟若一人"，此三句相对成文，彼曰"之巧"、"之善"，则此自当作"之安"也。

分分兮其有终始也。

杨注：事各当其分，即无杂乱，故能有终始。○王念孙曰：分分当为介介，字之误也。○俞樾曰：分当读为份。

《说文·人部》："份，文质备也。从人，分声。《论语》曰：'文质份份。'"分分即份份也，省偏旁耳。

案：分读如份，俞说是。但此自作分别貌，不言文质备也。

如是则可谓圣人矣。

王先谦曰：此句衍文。

案："如是则可谓圣人矣"，乃重言以咏叹之，非衍文也。具下"神固之谓圣人"，正与此句相应。若删此句，则文势隔远，不相连属矣。

执神而固。

杨注：执持精神坚固。

案：神者不测之谓，非言精神也。观下"尽善挟治"之解可见。杨注执持精神，大误。

遂乘殷人而诛纣。

杨注：乘，乘其倒戈之势。○郝懿行曰：倒戈之语非荀所称易乡者，盖谓纣卒辟易奔北耳。又曰：乘者覆也，谓驾其上也，注非。

案：杨注乘倒戈之势，云倒戈未然，而言乘势者是也。故接曰"杀者非周人，因殷人也"。若如郝说训乘为覆，则与下文反不相连。郝说非也。

不知隆礼义而杀《诗》《书》。

郝懿行曰：杀盖敦字之误，下同。

案："杀《诗》《书》"，杀字不误，杀谓卑抑之。《劝学篇》曰："《诗》《书》故而不切。"又曰："不道礼宪以《诗》《书》为之，譬之犹以指测河、以戈舂黍、以锥餐壶也。"隆礼义而杀《诗》《书》，正荀子语。后言雅儒，亦曰隆礼义而杀《诗》《书》，盖正对此。郝氏说非也。

然而明不能齐，法教之所不及，闻见之所未至，则知不能类也。

杨注：虽有大体其所见之明，犹未能齐言行使无纤介之差。又曰：有所不知，则不能取比类而通之也。○俞樾曰：杨注断"明不能齐"为句，此失其读也。齐读为济，"然而"以下十八字作一句读，言法教所及、闻见所至，则明足以及之，而不能济其法教所未及、闻见所未至也。所以然者，由其知不能类也。学者误谓明不能齐、知不能类相对成文，遂以齐字断句，失之矣。《韩诗外传》正作"明不能济法教之所不及，闻见之所未至"，无"知不能类"句。

案：杨读"明不能齐"句不误。《修身篇》曰："好法而行，士也。笃志而体，君子也。齐明而不竭，圣人也。"此言明不能齐，谓其不能如圣人之齐明而不竭也。圣人即下所谓大儒。《外传》作济者，盖俗儒所改。俞氏欲以《外传》易荀书，以误易不误，非是。

法先王。

杨注：先王当为后王。

案：荀书言先王，言后王，辞异而义实同。盖自当时言之，则谓之先王；自上古言之，则谓之后王，皆指三代或周而言也。《劝学篇》曰："将原先王，本仁义，则礼正其经纬蹊径也。"《非相篇》曰："言不合先王，不顺礼义，谓之奸言。虽辩，君子不听。"此篇亦曰："先王之道，仁之隆也。"则此云法先王未为误。杨注谓当为后王，非也。荀书先王后王，非为相对之辞。前言"俗儒略法先王而足乱世术"，与《非十二子篇》言"略法先王而不知其统"语意正相似，讥其略而不知统，非讥其法先王也。后人误认先王后王为对立，遂有荀子法后王不法先王之谬说，盖未尝检荀子全书而通阅之也。

知之不若行之，学至于行之而止矣，行之明也，明之为圣人。

案：上言"行之曰士也，知之圣人也"，此言"知之不若行之，学至于行之而止矣，行之明也，明之为圣人"，非自相抵牾也。行有安勉，知有浅深，此明之为圣人，即知之圣人也，不得以此疑彼。

知之而不行，虽敦必困。

杨注：苟不能行，虽所知多厚，必至困蹶也。

案：此敦即上文敦慕焉之敦，亦训勉。杨谓多厚，非是。

而师法者，所得乎积，非所受乎性，不足以独立而治。

王念孙曰："不足以独立而治"上，当更有一性字，言性不足以独立而治,必待积习以化之也。

案:不足以独立而治,即谓不可无师法也,上不得添性字,王说非是。

而都国之民,安习其服。

杨注:安习其土风之衣服。

案:服即服习之服,犹言行也,非衣服也。

积靡使然也。

杨注:靡,顺也。顺其积习故能然。

案:积靡连文,靡之言磨也。注谓顺其积习,以靡为顺,误。又案:《性恶篇》"靡使然也",注"或曰靡,磨切也",或说是也。此言积靡,彼言靡,一也。

大积靡,则为君子矣。

杨注:大积靡,谓以顺积习也。

案:大,犹隆也。大积靡,即隆积。杨注未是。

《诗》曰:"维此良人,弗求弗迪。维彼忍心,是顾是复。民之贪乱,宁为荼毒。"此之谓也。

杨注:《诗·大雅·桑柔》之篇。迪,进也,言厉王有此善人,不求而进用之,忍害为恶之人,反顾念而重复之。故天下之民贪乱,安然为荼毒之行,由王使之然也。

案:引《诗》断章,不必与原意合。此良人以喻君子,彼忍心以喻小人。"民之贪乱,宁为荼毒",言其贪于祸乱,乃自为荼毒,即所谓日徼其所恶也。杨注全非。

王制篇第九

罢不能,不待须而废。

杨注：须,须臾也。

案：须犹缓也,不作须臾解。下文"须而待之",注谓
"须暇之",此"须"义亦当同。

职而不通,则职之所不及者必队。

杨注：虽举当其职,而不能通明其类,则职所不及者必
队。队与坠同。

案：《周礼·冢宰》："以八灋治官府。一曰官属,以举
邦治。二曰官职,以辨邦治。三曰官联,以会官治。"官属、
官职之后,必继之以官联者,即所以防职而不通也。又《小
宰》以官府之六联合邦治,亦是此意。杨注以不通为不能通
明其类,语欠分明。

分均则不偏。

王念孙曰：偏读为遍,言分既均,则所求于民者亦均,
而物不足以给之,故不遍也。下文曰"势位齐而欲恶同,物

不能淡"，正所谓不遍也。

案：偏当读如平。均似平也而非平，犹齐似壹也而非壹，故引《书》"维齐非齐"以结之。王说似尚隔一层。

成侯嗣公，聚敛计数之君也，未及取民也。子产取民者也，未及为政也。

杨注：取民谓得民心。○俞樾曰：杨注以取民为得民心，于义甚晦，殆非也。《老子》曰："故取天下者，常以无事。"河上公注曰："取，治也。"此取字亦当训治，取民言治民也。

案：取民犹得民，杨注不误，特不必加一心字耳。孟子论子产曰："惠而不知为政。"惠者得民之事，非治民之事也。若如俞说，则为政修礼，独非治民耶？

又案：取当读聚。《大学》曰："财聚则民散，财散则民聚。"取民对聚敛言，则作聚民为是。

王夺之人，霸夺之与，强夺之地。

杨注：人谓贤人。与谓与国也。强国之术，则夺人地也。

案：之人、之与、之地，犹言其人、其与、其地也。人谓民人，杨以贤人当之，非也。

人之城守，人之出战。

俞樾曰：出当为士，字之讹也。守必以城，战必以士。人之城守，人之士战，正相对成文。

案：俞说非也。战以士，守独不以士乎？上节言入不可以守，出不可以战，就我言则可言入，此就他人言，不得曰入，故易言城守也。城守出战，义正相对，何烦改字乎？

诸侯莫不怀交接怨而不忘其敌。

杨注：交接，连结也。既以力胜而不义，故诸侯皆欲相连结怨国，而不忘与之为敌。本多作坏交接，言坏其与己交接之道也。○郝懿行曰：接者续也。怀交，谓私相缔交。接怨，谓连续修怨。注非是。○王念孙曰："诸侯莫不怀交接"为句。坏、怀古字通。杨后说以坏交接连读，是也。前说以怀交接怨连读，失之。○俞樾曰：杨注二说皆未安。王氏谓当从后说，非也。疑怨字当在交接二字之上，本作"诸侯莫不怀怨交接，而不忘其敌"，怀怨交接，犹匿怨而友其人也，故不忘其敌。传写夺怨字，而误补之接字之下耳。○王先谦曰：案郝说是也。

案：怀交之怀，与怀诸侯之怀同。怀交者，其素交好者则怀之。接怨者，其素有怨隙则接之。接者谓交之已断而复续者也。怨而亦可接者，以大敌当前故也。故曰而不忘其敌。战国之世，各国之间，时离时合，其如此者多矣。曰交、曰怨、曰敌，正重在一敌字。文自分明，而诸家莫有能解者，何也？

虑以王命，全其力，凝其德。

杨注：虑，计也。○王念孙曰：虑，犹大氐也。

案：杨注"虑，计也"不误。后文"非其道而虑之以王也"，此虑与彼虑正同。虑，思也，计也。轻之则言思，重之则言计。

然后渐庆赏以先之。

杨注：渐，进也，言进勉以庆赏也。○郝懿行曰：渐，子廉切，读若渐民以仁之渐。其训渍也，浸也，深染入也。

案：渐，深也。深庆赏，犹言重庆赏，正与下"严刑罚"对文。郝说深染入也，亦未了。

修友敌之道。

案：友敌二字连文，此敌乃敌体之敌，非仇敌之敌也，与前言"敌诸侯"，后言"天下莫敢敌"，两"敌"字不同。言友又言敌者，正以见其不欲相臣也。杨无注，不免遗漏。

天下无王霸主则常胜矣。

杨注：无王者，则霸者常胜也。○王念孙曰："天下无王霸主"，本作"天下无王主"。上文说强者之事云"天下无王霸主句则常胜矣"，言天下无王霸主，则强者常胜也。此文说霸者之事云"天下无王主句则常胜矣"，言天下无王主，则霸者常胜也。王主二字之间，不当更有霸字，盖涉上文"王霸主"而衍。杨不知霸字之衍，而读"天下无王"为句，"霸主则常胜矣"为句，则句法与前不合。

案：杨读确误，而霸字不必衍。天下有王，霸者固不能常胜。天下有二霸，霸者亦不能常胜。观春秋晋楚并霸时可见也。恐荀书意如此,不得从王说删之。

王者之人。

杨注:王者之佐。

案:王者之人,人字实包君臣言。注专指王者之佐,非是。

饰动以礼义,听断以类。

杨注:所修饰及举动,必以礼义。

案:义字疑衍文,当作"饰动以礼",与"听断以类"相对。荀书之例,礼义二字连言者恒轻,单提一礼字者恒重,此处与类字对举,似宜从其重者。杨注"必以礼义",因礼而及义,便于成文耳,未必所见本即有义字。

又案:言王者之制,必先言王者之人者,所谓有治人无治法之意,即根前第二节"有良法而乱者有之,有君子而乱者自古及今未尝有"来。儒术之异于法家者正在此。

又案:言王者之人如此其略者,已详见《儒效篇》,故更不待烦言也。

王者之论。

杨注:论谓论说赏罚也。○王先谦曰:杨说非。论亦当读为伦,伦者等也,言为君者能行此政,则是王者之等也。下文云:"此五等者,王霸安存危殆灭亡之具也。"以王者之政为一等,与此可互证。

案:论字不得读伦。后曰"夫是之谓定论",可曰夫是之曰定伦乎？《小戴记·王制篇》曰："凡官民材，必先论之。论辨，然后使之。任事，然后爵之。位定，然后禄之。爵人于朝，与士共之。刑人于市，与众弃之。"此下曰"贵德官能，赏功罚罪"，与彼义正同。则论即论官之论，谓考其德艺也。

尚贤使能而等位不遗。

杨注：不遗，言各当其材。

案：不遗谓不失也。"不遗"正与下"不过"相对。

王者之等赋政事财万物，所以养民也。

杨注：等赋，赋税有等，所以为等赋。及政事裁制万物，皆为养人，非贪利也。○刘台拱曰："所以"字当在"财万物"上。○王念孙曰：之字下当有法字。又曰：等赋二字连读，政读为正，言等地赋，正民事，以成万物，而养万民也。杨读"王者之等赋"为句，"政事财万物"为句，皆失之。

案：王者之等赋政事，此事字疑衍。"等赋政"与"财万物"相对为文，此节所言为等赋政事，后节所言则裁万物事也。"所以"二字亦不得如刘说移于"财万物"上。王说之字下有法字，是，余未必然。

北海则有走马吠犬焉，然而中国得而畜使之至《诗》曰："天作高山，大王荒之。彼作矣，文王康之。"此之谓也。

案：此节当与上合并为一。上节曰："无幽闲隐僻之国，莫不趋使而安乐之。"此节曰："上以饰贤良，下以养百姓，而安乐之。"两安乐之，正前后相应，其文固不得分析，不独此

43

节为说财万物事,与上相承也。大氏分节者,以"是王者之法
也"一语,遂尔截断,以与前"王者之人"、"王者之制"、"王者之
论",归于一律耳,初未尝详其文字之条理脉络也。

**以类行杂,以一行万,始则终,终则始,若环之无端也,
舍是而天下以衰矣。**

杨注:始,谓类与一也。终,谓杂与万也。言以此道为
治,终始不穷无休息,则天下得其次序,舍此则乱也。○王
念孙曰:始终二字,泛指治道而言。下文曰:"君臣父子兄
弟夫妇,始则终,终则始。"义亦同也。始非谓类与一,终亦
非谓杂与万。

案:下文云"天地生君子,君子理天地",即所谓"终始
始终,若环之无端"者也。

**君子者,礼义之始也。为之,贯之,积重之,致好之者,
君子之始也。**

杨注:言礼义以君子为本,君子以习学为本。○王引
之曰:"君子之始也","之始"二字盖涉上三"之始"而衍。

案:"君子"下"之始"二字非衍文。杨注"礼义以君子为
本,君子以习学为本",实得其意。王氏说非也。

**故丧祭、朝聘、师旅一也,贵贱、杀生、与夺一也,君君、
臣臣、父父、子子、兄兄、弟弟一也,农农、士士、工工、商商
一也。**

杨注:此已下明君子礼义之治,为之制丧祭、朝聘之

44

礼,所以齐一民各当其道,不使淫放也。下"一"之义皆同。

案:此四句即所谓"以一行万"也。杨注"所以齐一民"非是。

又案:"以类行杂"二句,疑当在"故丧祭朝聘"句上,如是则文理较为分明。或系错简,然未敢定也。

圣王之制也。

案:圣王之制也,当属下读。盖"斧斤不入山林"以下,皆言其制也。

圣王之用也。

杨注:用,财用也。

案:圣王之用也,亦当属下读。又用者,体用之用,非财用也。杨注误。

故曰一与一是为人者,谓之圣人。

杨注:一与一,动皆一也。是,此也。以此为人者,则谓之圣人也。○王先谦曰:与读为举。上言以一行万,是上之一也。丧祭、朝聘、师旅诸事,皆所以一民,是下之一也。以上之一举下之一,故曰一举一。

案:与读举,是也。谓一举一则非也。一是二字相连,《大学》曰"壹是皆以修身为本",一是即壹是,犹一切也。一举一切,所谓以一持万也。"一与一是为人"六字当一气读,亦不得从是字断句。

顺州里。

杨注：使之和顺。

案：顺谓次序之也。注使之和顺，失之。

占祲兆。

杨注：兆谓龟兆。或曰：兆，萌兆。谓望其云物，知岁之吉凶也。

案：兆当从后说。下始云"钻龟陈卦"，此不得先言龟兆也。

天下胁于暴国，而党为吾所不欲，于是者日与桀同事同行，无害为尧。

王先谦曰：《方言》："党，知也。楚谓之党。"吾所不欲，即谓胁于暴国也。于是时而后知为吾所不欲，与桀同事而无害为尧，为时晚矣。功名安危所系，当在国家闲暇之日也。举尧、桀者，圣君、暴君之极也。

案：党，或也，与《天论篇》"怪星之党见"之党同。日与桀同事同行，即指吾所不欲言。此文本自明白。盖国未能独立，即不能免于累，即不能不为暴国所胁。为暴国所胁，即不能不与之同事同行，而为吾所不欲为之事。然而无害为尧，何者？则以此非功名之所就，非安危存亡之所随也。王注不独缭绕，且不可解。

权者重之。

王先谦曰：下"兵劲名声美"皆承上言之。此云权者重之，上无所承，疑有夺文。

案：权者重之，谓上中立无有所偏，偃然按兵不动也。兵之劲、名声之美皆本乎此，故首言之，中未必有夺文。王说谓无所承，非也。

而勿忘栖迟薛越也。

案：下文栖迟薛越，与畜积并聚对言。则栖迟薛越并耗散之意，与《诗》言栖迟不同。杨无注，当补。

我今将顿顿焉日日相亲爱也以是待其敝。

案："我今将顿顿焉日日相亲爱也"不得句绝，当读至"以是待其敝"为句。

事行则蠲疑。

郝懿行曰：蠲者明也，谓喜明察而好狐疑也。

案：《玉篇》："蠲，疾也。"此蠲字当从疾训，与上轻字下锐字正一类。若曰喜明察而好狐疑，吾未见好狐疑者之能明察也。且既喜明察，又好狐疑，亦嫌不辞。

富国篇第十

万物同宇而异体，无宜而有用，为人数也。

王念孙曰："无宜而有用为人"为一句。"数也"为一句。为读曰于，言万物于人虽无一定之宜，而皆有用于人，数也。数也云者，犹言道固然也。"数也"与下"生也"对文。杨以"为人数也"四字连读，而属下为义，故失之。

案：同异、有无相对成文，皆五字句，不得于"有用"下多二字。且言万物同宇，则人亦在万物之中。如王氏说，万物有用于人，则人与万物为对，于文当先说人，后及万物，不得以万物开端也。窃意"无宜而有用"仍当句绝，下"为人"自为一句。为读去声，意谓万物虽与人并生，然人者万物之总则，取物以养人，固道之当然，故曰数也。为人者，为人而物不得不贱也。始言万物，继于万物中特提出人，而曰道当为人，此亦文字先后之序所宜然也。

执同而知异。

案："执同而知异"句，应属上读。"皆有可也知愚同"，所谓埶同也。"所可异也知愚分",所谓知异也。

则民心奋而不可说也。

杨注:说读为悦。

案:说,谕也,当读如字。

知者未得治,则功名未成也。

杨注:功名之立,由于任智。

案:功者功用,名者名分,非常言所谓功名也。注似未了。又言功名之立由于任智,语与本文亦无涉。

而能不能兼技,人不能兼官。

杨注:虽能者亦不兼其技功,使有分也。又曰:皆使专一于分,不二事也。

案:能不能兼技,言人之能不能兼通数技也。注"虽能者亦不兼其技功",作能者说,非是。又人不能兼官,注言"使专一于分,不二事也",亦非。此言人自不能,非谓必使之如此也。

离居不相待则穷。

杨注:不相待,遗弃也。

案:不相待,谓独立而不待于人,非曰遗弃人也。此正承上"不能兼技兼官"言。注未了。

不以德为政。

杨注:德谓教化,使知分义也。

案:政读如正。不以德为政,谓力征者不知正之以德也。此德字对力言,非教化之谓。

民富则田肥以易。

杨注:易谓耕垦平易。

案:易,治也,非平易之谓。

上以法取焉,而下以礼节用之。

案:上者对民言。以法取,以礼节用,皆上之事。则"而下"不当有"下"字。此不知者以上"上"字而妄加耳。观后"或以无礼节用之"上无"下"字,可见。

而或以无礼节用之。

案:或以无礼节用之,犹言或无礼以节用之也。

由士以上,则必以礼乐节之。众庶百姓,则必以法数制之。

杨注:君子用德,小人用刑。

案:以礼乐节之,以法数制之,言节用制用也。注"君子用德,小人用刑",非荀旨。

必时臧余,谓之称数。

杨注:足用有余,则以时臧之。此之谓有称之术数也。

案:"谓之称数",数,数度也;称数,犹言合度。注非。

礼者贵贱有等至**故曰朝无幸位,民无幸生,此之谓也。**

案:自"礼者贵贱有等"至"此之谓也",言节用以礼也。其不明结者,文义自明,无待指说也。下文"轻田野之税"至"如是则国富矣",结之曰"夫是之谓以政裕民",与此正两扇相对。

将以明仁之文，通仁之顺也。

杨注：仁，谓仁人也。○王先谦曰：此言先王将欲施仁道于天下，必先有分割等异，乃可以明其文而通其顺。若无分割等异，则无文不顺，即仁无所施矣。杨注非。

案：仁即《儒效篇》"仁之隆也"之仁，谓人道也。王氏泛以仁道释之，亦非。

掩地表亩。

杨注：掩地，谓耕田使土相掩。○王引之曰：掩地二字义不可通，掩疑撩之讹。《说文》："撩，理也。"

案：掩，覆也。掩地者，覆土之谓。

是将率之事也。

杨注：将率犹主领也，若今宰守。○俞樾曰：此言足天下之道。前后皆言农事，而此云将率之事。杨注曲为之说，未为得也。盖古之为将率者，其平时即州长、党正之官。《周官·州长职》："若国作民而师田行役之事，则帅而致之，掌其戒令与其赏罚。"郑注曰："掌其戒令赏罚，则是于军因为师帅。"贾疏云："因为师帅者，若众属军吏，别有军吏掌之，何得还自掌之？故知因为师帅也。但在乡为州长，已管其民，在军还领己民为师帅，即是因内政寄军令也。"又《党正职》注曰："亦于军因为旅帅。"《族师职》注曰："亦以军因为卒长。"以是推之，闾胥即为两司马，比长即为伍长，《夏官》序官疏曰"闾胥以下,虽不言因为,义可知"是也。此云将率,即指州长、党正之属,从其在军之名而称之曰"将率",正见内政、军令之可通。杨注未达斯旨。

案:将字本不必指掌军者而言。汉人谓举主为举将,郡吏称太守亦曰将,则将即长官之号,不待远引《周官》"因内政寄军令"而后可知也。

若夫兼而爱之,兼而制之。

案:"兼而制之",制亦利字之讹。兼爱、兼利,语本墨子。

若是则瘠,瘠则不足欲,不足欲则赏不行。

杨注:瘠,奉养薄也。奉养既薄,则不能足其欲。欲既不足,则赏何能行乎?言皆由不顾赏也。夫赏以富厚,故人劝勉。有功劳者而与之粗衣恶食,是赏道废也。

案:不足欲,欲者愿也。不足愿,谓不足为民仰望,犹云不尊也。不尊,故赏不行。注言"不能足其欲",以欲属人君。又言"皆由不顾赏也","有功劳者而与之粗衣恶食,是赏道废也",则不足欲又似属之臣下之当受赏者。并与本义不合。

渐庆赏。

杨注:渐,进。

案:渐犹深也,深犹重也。已见上《王制篇》。

使天下生民之属,皆知己之所愿欲之举在于是也。

杨注:言生民所愿欲,皆在于是也。

案:愿欲犹言仰望。说见前。

则财货浑浑如泉源。

杨注：浑浑，水流貌。

案：浑浑犹混混。《孟子》曰："源泉混混。"

则天下大而富，使而功。

杨注：大读为泰，优泰也。使，谓上之使也。可使则有功也。○谢本从卢校作"使有功"。刘台拱曰："使有功"，当作"佚而功"。○王念孙曰：刘说是也。○王先谦曰：刘、王谓"有"当为"而"，是也。改"使"为"佚"，非也。"大而富"承上"万物得宜"言，"使而功"承上"赏行罚威"言，文义甚明，不烦改字。

案：作"佚而功"，是也。"使而功"与"大而富"不能相对，"大"当依杨注读"泰"，非谓万物大多也。

是奸治者也。

杨注：奸人为治，偷取其誉。

案：奸治犹言害治。注非。

进事长功。

杨注：益上之功利也。

案：长功，谓尚功也。注非。

使民夏不宛暍。

杨注：宛读为蕴，暑气也。《诗》曰："蕴隆虫虫。"或曰："宛"当为"奥"。篆文"宛"字与"奥"字略相似，遂误耳。

案：宛古音与燠同，盖同声假借。

上下俱富。

郝懿行曰：富与福同，古字通用。此文不为富言，故知为"福"。上云"夏不宛暍，冬不冷寒，急不伤力，缓不后时"，此正上下俱受其福之意。

案：富字仍当用本义为是，以此固以《富国》名篇也。

故君国长民者，欲趋时遂功，则和调累解，速乎急疾。忠信均辨，说乎赏庆矣，必先修正其在我者，然后徐责其在人者，威乎刑罚矣。

杨注：自"故君国长民"已下，其义未详，亦恐脱误。或曰：累解，婴累解释也。言君国长人，欲趋时遂功者，若和调而使婴累解释，则民速乎急疾。言效上之急不后时也。若忠信均辨，则民悦乎庆赏。若先责己而后责人，则民畏乎刑罚。○俞樾曰：累解与和调，皆二字平列，训为婴累解释，非其义矣。《儒效篇》曰"解果其冠"，杨注引《说苑》"蟹螺者宜禾"为证。窃谓累解与蟹螺一也。彼从虫而此否者，书有繁简耳。蟹螺倒为累解，犹和调亦可云调和也。《说苑》以"蟹螺""污邪"对文，则蟹螺之义，殆犹平正矣。

案："和调累解，速乎急疾"者，谓急疾不如调和也。"忠信均辨，说乎赏庆"者，谓赏庆不如忠信也。"先修正其在我者，然后徐责其在人者，威乎刑罚"，谓刑罚不如先正己后责人也。义自分明。注乃言未详，又疑有脱误，盖未寻上下文理，而又深求之，是以惑耳。

又案：累解皆有缓义。观"速乎急疾"之文，明与急疾相对，作宽缓解为是。即《儒效篇》"解果其冠"亦然，故与"逢衣浅带"并言。逢浅、解果，义并相近。

三德者诚乎上。

杨注：三德，谓调和累解、忠信均辨、正己而后责人也。或曰：三德，即忠信、调和、均辨也。

案：三德者，调和累解一也，忠信均辨二也，正己而后责人三也。注本不误。又引或说，反游移失据矣。或说当删。

尚贤使能以次之。

王先谦曰：《晋语》韦注："次，行列也。"次之，谓使之就列。

案：次之犹言等之，使有等列也。王说亦欠分晓。

其塞固。

杨注：其所充塞民心者固。

案：塞者杜塞。塞与道对，道者导之使行，塞者杜之使不行。《管子》屡言决塞，《商君书》有《开塞篇》，决塞、开塞、道塞，一也。注非是。又案《君道篇》曰"公道达而私门塞"，塞与达对。达，通也，则塞之义可知矣。

利而不利也、爱而不用也者，取天下矣。利而后利之、爱而后用之者，保社稷也。不利而利之、不爱而用之者，危国家也。

王念孙曰："取天下矣"，"保社稷也"，"危国家也"，本作

"取天下者也","保社稷者也","危国家者也"。今本或作
"矣",或作"也",文义参差不协,当依《文选·五等诸侯论》
注所引改正。

案:此不必改,古人引书即未必——依其原文也。

其竟关之政尽察。

杨注:尽察,极察,言无不察也。

案:尽察二字并列。尽,悉也,悉、察一义。

其于货财,取与计数也,须孰尽察。

杨注:须,待也。○俞樾曰:须字无义,乃顺字之误。

案:俞说须为顺之讹,是也。顺读为驯。驯、熟一义。
尽、察一义。

十年之后,年谷复熟,而陈积有余。

顾千里曰:"后"下疑脱"七年之后"四字,承上"故禹十
年水汤七年旱"言之。

案:言十年则足以包七年矣。顾说殊迂。

以国持之。

杨注:以一国扶持之。○王念孙曰:持,载也,《中庸》
曰"辟如地之无不持载"是也。杨说"持"字未确。

案:持犹养也。荀书多以持养并言,是持、养一也。

君人者,并可以觉矣。百里之国,足以独立矣。

杨注:此言无道则虽大必至灭亡,有道则虽小足以独
立也。

56

案：独立谓不随俗也。"可以觉"，"足以独立"，义正相同，非谓其虽小而不至灭亡也。注失之。

以国载之，则天下莫之能隐匿也。

杨注：载，犹任也。以国委任贤士，则天下莫能隐匿。言其国声光大也。

案：以国载之，对上"布衣纠屦之士"言，谓布衣之士犹然，而况有国者乎？注非是。

境内之聚也，保固视可。

杨注：其境内屯聚，则保其险固，视其可进。谓观衅而动也。○王念孙曰：杨读"保固视可"为一句，非也。此当读"境内之聚也保固"为句。"视可午其军"，"可"字因上文"不可"而衍。○俞樾曰：王氏谓"可"字衍文，"视"字当属下读，然《强国篇》亦有"视可司闲"之文，旧说恐未可改。○王先谦曰：见可而进，文义自明，俞说是也。

案：视可二字当属下读。"境内之聚也保固"言守，"视可午其军取其将"言战。

视可午其军，取其将，若拨麷。

杨注：午读为迕，遇也。麷，麦之芽蘖也，至脆弱，故以喻之。若拨麷，如以手拨麷也。○王念孙曰：视午其军，取其将，若拨麷者。午，触也，言境内之聚安固，则视触人之军，取人之将，若拨麷也。○郝懿行曰：午者逆也。彼来而此逆之，取其将若拨麷者。熬麦曰麷，见《笾人》注。熬，干

煎也,今谓之焰。盖麦干煎则质轻脆,故拨去之甚易。○俞
樾曰:古义每存乎声。舝既音丰,即可读为丰。丰者蒲也。
蒲之为物至脆弱,故以手拨之至易也。

案:若拨舝,言难。舝轻细,非拨之可开也。故继之曰
"彼得之不足以药伤补败"。其军、其将,指守者之军将,非
攻者之军将也。诸说并不得其解。

将修小大强弱之义以持慎之。

杨注:慎读曰顺。修小事大、弱持强之义,守持此道,
以顺大国也。○郝懿行曰:慎即谨也,谓谨持此义。

案:杨注读慎为顺,是也。若如郝说"谨持此义",则当
曰慎持,不当曰持慎也。

则货宝单而交不结。

案:单读如殚,尽也。

君卢屋妾。

杨注:卢当为庐。君庐屋妾,谓处女自称是君庐屋之
妾,犹言箕箒妾,卑下之辞也。○卢文弨曰:君庐句疑有讹
字。○刘台拱曰:"君卢屋妾",君疑作若。言诎要桡腘,若
庐屋之妾也。○王先谦曰:刘说是。

案:"君庐屋妾","君"字不误,但上省一"曰"字耳。此
种古书甚多其例。如《孟子》曰:"吾君不能谓之贼,吾身不
能居仁由义谓之自弃也。"皆上省一"曰"字。

王霸篇第十一

安之者必将道也。

杨注：必将以道守之。○王先谦曰：《广雅·释诂》："将，行也。"言安天下必行道也。

案：将犹以也。必将道，必以道也。

无他故焉，略信也，是所谓信立而霸也。

杨注：虽未能济义，略取信而行之，故能致霸也。

案：略犹取也，略信即取信，不得曰"略取信而行之"。

齐闵、薛公是也。

杨注：薛公，孟尝君田文，齐闵王之相也。

案：薛公疑谓孟尝君之父田婴齐，非田文也。

绵绵常以结引驰外为务。

杨注：绵绵，不绝貌。引读为靷。靷，引轴之物。结引，谓系于轴，所以引车也。齐闵、薛公不修德政，但使说客引轴驰骛于他国，以权诈为务也。

案：结引谓结纳与国。注误。

是惮惮非变也。

杨注：惮与坦同。言国者，但继世之主自新耳，此积久之法，坦坦然无变也。○郝懿行曰：此惮疑幝字之形讹。《毛诗》"檀车幝幝"，传云"幝幝，敝貌"，与此义合。

案：惮与禅通，禅者递禅，故曰是禅非变也。惮不得重字，下惮字误衍。

譬之是由好声色而恬无耳目也。

杨注：恬，安也。安然无耳目，虽好声色，将何用哉？○俞樾曰：恬当作姡。《诗·何人斯篇》"有靦面目"，《毛传》曰："靦，姡也。"郑笺曰："姡然有面目。"是其义也。姡无耳目，犹言姡然无耳目。

案："好声色而恬无耳目"，好与恬对文，杨注训恬为安未误，恬无耳目谓安于无耳目也。俞说非是。《诗》云"有靦面目"，不云有靦耳目也。

加有治辨强固之道焉。

杨注：有读为又。

案：有者有其道也。杨读为又，非是。

使臣下百吏，莫不宿道向方而务。

杨注：臣下皆以宿道向方为务。

案：务谓勉也，尽也。注即云"以宿道向方为务"，非是。

无偏贵贱。

王念孙曰：偏当为伦，字之误也。伦与论同。

案：偏字承上偏举来，不得改偏为伦。

尺寸寻丈，莫得不循乎制度数量然后行。

案：得字衍文。

不足数于大君子之前。

杨注：大君子谓人君也。○王先谦曰：大君子，君子之尤著者，犹圣人崇称之曰大圣人也，不指人君言。《仲尼篇》两云"彼固曷足称乎大君子之门哉"，大君子即指仲尼，尤其明证。

案：此大君子正谓人君，与《仲尼篇》异。上云"则是官人使吏之事也"，大君子与官人使吏对言，非人君而何？

故古之人有大功名者，必道是者也。

杨注：道，行也。

案：道，由也。

以饰朝廷臣下百吏之分。

杨注：修饰使各当分。

案：饰读饬，正也。

唉唉常欲人之有。

杨注：唉唉，并吞之貌。○郝懿行曰：案唉者，噍唉也。唉唉，欲食之貌。○王引之曰：唉唉，犹歆歆也。《说文》："歆，欲得也。"○王先谦曰：唉唉为欲食貌，义自可通，不必如王说读唉为歆。

案：唉唉为睒睒之假借，言候而视之也。诸家皆未得其说。

君道篇第十二

所以为啧也。

卢文弨曰：啧，情也。○王念孙曰：啧者，齐也。啧与賾通。《说文》："賾，齐也。"

案：啧当从王念孙说训齐为是。盖"衡石、称县者所以为平也"，"斗、斛、敦、概者所以为齐也"，齐与平正一类。

而劝上之事。

卢文弨曰："而劝上之事"，元刻作"而勤上之事"。

案：劝，勉也。元刻作勤，疑不知者妄改。

以礼待君。

郝懿行曰：待字误。《韩诗外传·四》作事，是也。盖事讹为侍，又讹为待耳。

案：作待者侍之讹字。荀自作侍，不必改为事也。

致临而有辨。

郝懿行曰：辨，《韩诗外传·四》作别，谓夫妇有别也。

案：辨与别通。

谨修饰而不危。

王念孙曰：案危读为诡。言君子修饬其身，而不诡于义也。

案：危者高也，即《论语》"危言危行"之危。宽裕者易于阿从，故曰不阿；修饰者易于自高，故曰不危。若如王说读危为诡，谨修饰者自不诡于义，则前后义反复矣。

其待上也忠顺而不懈。

卢文弨曰：待，俗间本作侍。○王先谦曰：依上郝说，待上亦当为事上。

案：作侍者是也。

仁厚兼覆天下而不闵。

案："不闵"，闵字不可解，疑阂字之讹。

以天下之王公莫好之也，然而于是独好之。以天下之民莫欲之也，然而于是独为之。好之者贫，为之者穷，然而于是独犹将为之也。

王念孙曰：案三"于是"皆义不可通，当依《外传》作"是子"。"是子"二字，对上文"王公"与"民"而言。下文曰"非于是子莫足以举之，故举是子而用之"，是其证。

案：三"于是"字皆不误，此紧承"彼其人者"为文。若如王说改作"是子"，则不独"其人"、"是子"犯复，而文义亦不贯矣，不得以后"是子"例此也。王以"于是"为不可通，不知言"于是"犹言"案"，本无深义，荀书此类甚多，将何说耶？

四统者俱而天下归之。

案：俱当作具，字之误也。

至道大形。

王先谦曰：言至道至于大形之时。

案：至道大形者，至道之大形也。形者仪也。此一章
之题目。

尚贤使能而民知方。

王先谦曰：知方，皆知所向。

案：知方即《论语》"且知方也"之知方，谓知义也。

纂论公察则民不疑。

王先谦曰：《尔雅·释诂》："纂，继也。"纂论，谓使人相
继议论之，与公察对文，皆所以使民不疑也。

案：纂，集也。纂论者，集论也。如诸葛武侯所谓"集
众思广忠益"是也。故与公察对文。王说尚未得其意。

人习其事而固。

王先谦曰：固者，不移易之谓。《易·系辞下传》注：
"固，不倾移也。"《礼论篇》云："礼之中焉能勿易，谓之固。"

案：《儒效篇》亦曰"万物莫足以倾之之谓固"。

参之以礼。

案：参者参验也。

禁之以等。

王先谦曰：《强国篇》云："夫义者所以限禁人之为恶与

奸者也。"限禁连文,是禁与限同义。禁之以等,犹言限之以阶级耳。

案:等者序也,即后世之所谓资格也。

轻不得以县重。

案:县犹衡也。

人主欲得善射,射远中微者。

案:射远中微,射亦及字之讹。

本不利于所私也。

王先谦案:本字无义,大之误也。

案:作本者是。欲以利之而适害之,故曰本不利。

便嬖左右者,人主之所以窥远收众之门户牖嚮也,不可不早具也。故人主必将有便嬖左右足信者,然后可。

卢文弨曰:嚮与向同。○王先谦曰:便嬖犹近习也。荀书用便嬖,不作邪佞解。

案:《豳风·七月》之诗曰"塞向墐户",嚮与向通,嚮亦牖也。

又案:便嬖谓近习,不谓邪佞,诸子之书皆然,不独荀子也。《管子·八观篇》:"便辟左右不论功能而有爵禄,则百姓疾怨非上。"孟子曰:"便辟不足使令于前与。"其言便辟,皆与荀书同。盖当时自有此名。若即指邪佞,则孟子对齐宣安得直言之?

其知惠足使规物。

案:惠与慧通。

人主之基杖也。

俞樾曰：基杖二字，义不可解。基当为綦。《仪礼·士丧礼》"组綦系于踵"，郑注："綦，屦系也，所以拘止屦也。"綦也，杖也，皆人之所以行者，故以为喻。

案：基字不误。上言"便嬖左右者，人主之所以窥众收远①之门户牖嚮也"，基与门户牖嚮，皆就宫室为喻，不得改为綦也。杖者仗之假借，凡可以凭倚者，皆得谓之仗，墙壁亦仗之类，不必支筇而后谓之杖也。基者言其所借，仗者言其所倚，语义甚重，若改作綦杖则轻矣。

不还秩，不反君。

王念孙曰：秩当为私，字之误也。还读为营。言不营私，不叛君也。营与还古同声而通用。《管子·山至数篇》曰"大夫自还而不尽忠"，谓自营其私也。《秦策》曰"公孙鞅尽公不还私"，谓不营私也。还字或作环。《韩子·五蠹篇》曰"古者苍颉之初作书也，自环者谓之私"，《说文》"厶"字解引作"自营为厶"。《管子·君臣篇》曰"兼上下以环其私"，《韩子·人主篇》曰"当途之人得势擅事，以环其私"，皆谓营其私也。

案："不还秩，不反君"，直接下"应薄捍患"为说，谓不待还反请命于君也。秩者职也。还反一义，反非谓叛也。王

---

① 原文如此。

说虽辩,而非荀书之意。

孤独而晻谓之危。

案:晻、暗同字。

材人。

卢文弨曰:谓王者因人之材而器使之之道也。

案:"材人"之材,与上"材技官能"之材同。

愿悫拘录。

卢文弨曰:《荣辱篇》作"钩录",注谓"钩与拘同",盖据此文。然吏材非仅取愿悫检束而已,必将取其勤劳趋事者,则作"劬录"义长。

案:拘录犹劬劳。刘申叔说《荣辱篇》曰:"钩录即劬劳之异文。"引《淮南子·末术训》"加之以勇力辨慧捷疾劬录"为证,是也。

臣道篇第十三

人臣之论。

杨注：论人臣之善恶。○王先谦曰：论者伦之借字。

案：论当如本字解。说见前《王制篇》"王者之论"条。

应卒遇变，齐给如响。

杨注：齐，疾也。给，供给也，应事而至谓之给。

案：齐、给皆疾也。

将危国殇社稷之惧也。

案：之惧犹是惧。

事暴君者，有补削，无挢拂。

杨注：拂音佛。○卢文弨曰：拂读为弼，此音佛，误。

案：杨注拂音佛者，音佛肸之佛，正与弼同音，非误也。

因其怒也，而除其怨。

杨注：怨恶之人，因君怒除去之也。

案：《哀公篇》"富有天下而无怨财"，注曰"怨读为蕴"，此怨字当亦同。除其蕴者，除其蕴藏之宿恶也。如注解作怨恶之人，但曰怨恶，安见其必为恶人也？

又案：怨或系恶字之讹。

仁者必敬人。

案：孟子曰"仁者爱人，有礼者敬人"，此云"仁者必敬人"，盖仁礼一也，分而言之则曰仁曰礼，合而言之则一仁而已矣。

伦类以为理。

杨注：伦，人伦。类，物之种类。言推近以知远，以此为条理也。

案：《劝学篇》："伦类不通，仁义不一，不足为善学。"注曰："通伦类，谓虽礼法所未该，以其等伦比类而通之。谓一以贯之，触类而长也。"彼解伦类甚的，此忽析伦类而二之，以伦为人伦、物为物类，大失书旨，当改依前注。

故君子安礼乐利。

王念孙曰：乐利当为乐乐，乐乐与安礼对文。○俞樾曰：乐利当为和乐，和乐与安礼相对成文。

案："乐利"，利字为和字之误，安礼与乐和相对。不曰乐乐而曰乐和者，避不文耳。王、俞两说皆未审。

通忠之顺，权险之平。

杨注：忠有所壅塞故通之，然而终归于顺也。又曰：权危险之事使至于平也。或曰：权，变也。既不可扶持，则变其危险，使治平也。

案：通忠、权险，皆各两字相属为义。注失之。下文"争然后善，戾然后功，所谓通也；出死无私，致忠而公，所谓忠也；夺然后义，杀然后仁，所谓权也；上下易位然后贞，所谓险也"。

过而通情。

王先谦曰：君本过也，而曲通其情，以为顺善。

案：过而通情，疑通过二字互舛。杨无注者，以通而过情，文义易明，故不须解也。若本作过而通情，则杨必有注矣。

致士篇第十四

闻听而明誉之。

杨注：君子闻听流言流说，则明白称誉。谓显露其事，不为隐蔽。〇刘师培曰：《淮南·主术篇》云"而臣情得上闻"，注"闻犹达也"。则闻听者，即达聪之谓。

案：明誉之誉与举通，谓明举之也。注曰"明白称誉"，非是。刘说"闻听"亦凿。

得众动天，美意延年，诚信如神，夸诞逐魂。

郝懿行曰：按四句一韵，文如箴铭，而与上下颇不相蒙，疑或他篇之误脱。

案：此四句盖古语。荀子引之者，以"得众动天"一句也，"得众"承上"士民去之"而言。疑上下有脱文，非他篇误入于此也。

礼者，节之准也。

杨注：节谓君臣之差等也。

案：节即下文所云节奏。复言之则曰节奏，单言之则

71

曰节,一也。《非相篇》"节族久而绝","节族"即节奏。彼注
云"节,制度也",是也。此以节为君臣之差等,于义太狭,
失之。

凡节奏欲陵而生民欲宽。

杨注:陵,峻也。○王念孙曰:陵谓严密也,故与宽
相反。

案:陵,峻也。之注不误。

诵说而不陵不犯,可以为师。

杨注:诵谓诵经,说谓解说。谓守其诵说,不自陵突触
犯,言行其所学。○王先谦曰:不陵不犯,谓谨守师说者。

案:不陵不犯,指礼言,谓不陵礼不犯礼也。杨说为
近之。

知微而论,可以为师。

杨注:知精微之理而能讲论。○郝懿行曰:论与伦古
字通,言知极精微而皆中伦理也。

案:郝说论与伦通,是也,而解伦为伦理则非。伦,类
也。知微而伦,犹言知微而类,谓能通其统类也。

议兵篇第十五

故仁人上下，百将一心，三军同力，臣之于君也，下之于上也，若子之事父，弟之事兄，若手臂之捍头目而覆胸腹也，诈而袭之，与先惊而后击之，一也。

杨注：先击头目使知之，而后击之，岂手臂有不救也？○王先谦曰：此言两者俱无所用，注义似隔。

案："诈而袭之"，谓用诈也。"先惊而后击之"，谓鸣钟鼓而伐之也。"诈而袭之，与先惊而后击之，一也"者，言用诈与不用诈同，则诈无所用矣。杨注欠明，王说亦未了。

故仁人用国日明。

杨注：日益明察。○俞樾曰：杨注非也，明之言盛也。

案：俞说非也。上云"仁人用十里之国则将有百里之听，用百里之国则将有千里之听，用千里之国则将有四海之听，必将聪明警戒和抟而一"，此谓"用国日明"即承上而言，则明自谓聪明也,安得以盛释之?

凡在大王将率末事也。

杨注:孝成王见荀卿论兵,谓王者以兵为急,故遂问用兵之术。荀卿欲陈王道,因不答其问,故言凡在大王之所务,将帅乃其末事耳,所急教化也。○王先谦曰:以下文"凡在于军将率末事也"证之,是谓凡在大王之将率者皆末事也。杨注误。

案:杨读"凡在大王"句绝,是也。观下云"君贤者国治,君不能者国乱"可见。王说不可从。

隆礼效功。

杨注:效,验也。功,战功也。效功,谓不使赏僭也。

案:效犹效死之效,训作致。效功谓致功也,隆礼、效功对文。注解效功为验功,非也。

其生民也狭阨。

杨注:生民,所生之民。狭阨,谓秦地险固也。○郝懿行曰:狭阨犹狭隘也,谓民生计穷蹙。注以狭阨谓秦地险固,非也。下云"隐之以阨",亦非地险。○王念孙曰:杨注沿《刑法志》注而误。

案:生犹养也,生民也狭阨谓养民者薄也,此观《商君书·弱民篇》可见,非民之生计本穷也。故下曰"隐之以阨",又曰"阨而用之",即商君所谓"民辱则贵爵,弱则尊官,贫则重赏"者也。

74

怵之以庆赏。

杨注：怵与狃同，串习也。战胜则与之赏庆，使习以为常。

案：此怵字当训玩，不训串习。玩之以庆赏，犹言诱之以庆赏也。

使天下之民，所以要利于上者，非斗无由也。

顾千里曰：天字疑不当有。

案：天字为夫字之讹。

功赏相长也。

杨注：有功而赏之，使相长。

案：功赏相长，谓功与赏相持而长。盖赏则有功，有功则益得赏，得赏则益急于有功，是为相长。注非是。

多地以正，故曰世有胜，非幸也，数也。

杨注：以正，言比齐魏之苟且为正。言秦亦非天幸，有术数然也。

案：多地以正，正者征之假字，谓多地以征赋也。注误。

又案：数也，犹言理也、道也，非有术数之谓。

诸侯有能微妙之以节。

杨注：节，仁义也。

案：节谓礼也，不谓仁义，注未详。观下言"礼义教化"，及后言"礼者治辨之极""凝士以礼"，可见。

75

知莫大乎弃疑。

杨注：不用疑谋，是智之人。①　○王先谦曰：言用人不疑。

案：弃疑即所谓道吾所明，无道吾所疑。杨注不误。王乃欲改之，异矣。

观敌窥变，欲潜以深，欲伍以参。

杨注：谓使间谍观敌，欲潜隐深入之也。伍参，犹错杂也，使间谍或参之或伍之于敌之间，而尽知其事。韩子曰"省同异之言以知朋党之分，偶参伍之验以责陈言之实"，又曰"参之以比物，伍之以合参"也。

案：注"伍以参"，引韩子之言是也。谓使间谍参之伍之于敌间，非也。参之伍之，但言参合而考验之耳，非谓用间谍之道也。

又案：欲潜以深，亦非谓使间谍潜隐而深入。潜亦深也，言观敌窥变，不可粗略耳。此皆为将之道。将自不能不用间谍，然此观之窥之，皆就将言，非谓间谍也。

殷之服民，所以养生之者也，无异周人。

王先谦曰：服民当作民服，此误倒耳。

案：殷之服民谓殷民之归服者也。殷之服民与下周人对文，实未倒，王氏说非。

---

① 　原文如此。"人"当作"大"。

故曰：凡在于军，将率末事也。

杨注：荀卿前对赵孝成王有此言语，弟子所知，故引以答之也。○卢文弨曰：旧本作凡在于军，今案当是君字。○王先谦曰："凡在"下作一句读。不改军为君，说自可通，卢不当臆改。

案：杨注"荀卿前对赵孝成王有此言语"，即所谓"凡在大王，将率末事"者也。玩杨注，似本作君字。其作军者，后人误写耳。卢校甚有见。王氏欲作一句读，几不成辞矣，王说非也。

臣下懔然，莫必其命。

杨注：懔然，悚栗之貌。莫自谓必全其命也。

案：莫必其命，谓不知死日也。注缭戾费解。

强国篇第十六

刑范正。

杨注：刑与形同。范，法也。刑范，铸剑规模之器也。○郝懿行曰：刑与型同，范与范同，皆铸作器物之法也。杨注非。

案：刑范谓器非谓法，杨注"铸剑规模之器"未误，特辞未莹耳。郝说"铸作器物之法"，非是。

敌国不敢婴也。

案：婴犹撄犯也。

爱利则形。

杨注：形，见也，爱利人之心见于外也。○郝懿行曰：形，《韩诗外传·六》作刑，刑者法也。爱人利人皆有法，不为私恩小惠。注云形见，非是。

案：《不苟篇》曰："不诚则不独，不独则不形，不形则虽作于心、见于色、出于言，民犹若未从也，虽从必疑。"此形与彼形同，谓见之于行事也。杨注未晓，郝说尤非。

敌中则夺。

杨注：敌人得中道则夺其国。一曰：中，击也。○俞樾曰：此以民情言，不以敌国言，杨注非是。敌当读为适，此云敌中，谓适乎其中也。既不用道德之威，而用暴察之威，适乎其中，则反失其所以为暴察矣。故曰适中则夺。

案：俞说殊迂曲。杨注"一曰：中，击也"，是也。盖谓敌击之则夺，义自分明，无劳辞费。

又案：中，当也。敌中则夺，犹言当敌则夺。

公孙子曰：子发将西伐蔡。

案：此节论子发辞赏之非，与《强国篇》旨无涉，疑《正论篇》之文，而误入于此者。

其辞赏也固。

杨注：固，陋也。

案：固即《论语》"疾固也"之固，谓固执也。训陋非是。

则君享其成，群臣享其功。

杨注：享，献也，谓受其献也。

案：享即受也，注殊支。

楚人则乃有襄贲开阳以临吾左。

俞樾曰：乃疑又字之误。

案："乃有"，乃字不误。下文"秦南乃有沙羡与俱"亦作"乃有"可证。"则有"、"乃有"一义，叠言之，则曰"则乃有"耳。俞欲改乃为又，非也。

故自四五万而往者强胜，非众之力也，隆在信矣。

杨注：言有兵四五万以上者，若能崇信，则足以自致强胜，不必更待与国之众也。

案：众自谓人民之众，即承上四五万言。注以与国释之，非也。

所以养生安乐者，莫大乎礼义。

王念孙曰：案，安乐当为乐安。养生乐安与贵生乐安，并承上"莫贵乎生，莫乐乎安"而言。今本乐安二字倒转。

案：安乐字非倒。此言安乐，意即谓安，以安一字不成文，故带乐字耳。乐安与贵生对，乐安不能与养生对也，通文者自察之。王说非是。

汤武也者，乃能使说己者使耳。

俞樾曰：下使字当训从。《尔雅·释诂》："使，从也。"

案：荀卿书常言安乐趋使，此下使字即趋使之使。

其百吏肃然，莫不恭俭敦敬忠信而不楛。

杨注：楛，滥恶也。或曰：读为王事靡盬之盬。盬，不坚固也。

案：楛谓苟且也，王怀祖说如此，是也。见前《修身篇》。

观其朝廷，其间听决，百事不留。

杨注：其间，朝退也。

案：其间即谓朝廷之间，非曰朝退也，注误。

其县日也博。

杨注：博，谓所县系时日多也。

安：县日之县，亦与衡同，曰衡犹曰计也。

霸者之善箸焉可以时托也。

杨注：霸者其善明箸，以其所托不失时也。○俞樾曰：托乃记字之讹。言霸者之善所以明著者，以其可以时记也。

案："箸焉可以时记也"七字为句。杨、俞以"箸焉"属上读，非也。

王者之功名，不可胜日识也。

杨注：日记识其政事，故能功名不可胜数。○王念孙曰：玩杨注，则正文"不可胜"下，当有"数"字。○俞樾曰：日，志也。上亦当有"可以"二字，与"可以时记也"一例。

案：不可胜日志，犹曰日不可胜志，中并无脱字。杨注"不可胜数"，"数"字即解日志，非正文别有"数"字也。王、俞说并非。

故为人上者，不可不顺也。

杨注：不可不顺义。或曰：当为慎。

案：当从或说，顺为慎之假字。荀书慎墨每作顺墨，可证。

堂上不粪至疾养缓急之有相先者也。

案：此节当与上节合并。上节云"义为本，信次之，所谓事有先后也"，故此引疾养缓急相先之事以明之，文义相承,明为一节,不得分也。

则郊草不瞻旷芸。

杨注:旷,空也。空谓无草也,芸谓有草可芸锄也。○王念孙曰:芸上不当有瞻旷二字。

案:旷谓不治也。旷与芸反。不瞻旷芸,即不顾其治否。杨注非。王氏疑不当有瞻旷二字,亦未是。

天论篇第十七

养略而动罕。

杨注：罕，希也。动希，言怠惰也。○俞樾曰：罕疑屰字之误，屰即今逆字。"养略而动屰"，正与"养备而动时"相对成义。

案：罕字自可通，不必如俞说改作屰。

舍其所以参，而愿其所参。

杨注：舍人事而欲知天意。

案：愿其所参，即谓与天争职。注曰欲知天意，非也。

风雨博施。

杨注：博施谓广博施行，无不被也。

案：博，犹溥也。二字相通。

夫是之谓天。

杨注：或曰：当为"夫是之谓天功"。○王念孙曰：或说是也。人功有形而天功无形，故曰"莫知其无形，夫是之谓天功"。天功二字,下文凡三见。

案:此不当有功字。"夫是之谓神","夫是之谓天",文正一例,且天与神协韵。下接曰"唯圣人为不求知天",亦紧顶此天字而言,尤不得以功字间之。王说殊未然。

耳目鼻口形,能各有接而不相能也。

杨注:耳辨声,目辨色,鼻辨臭,口辨味,形辨寒热疾痒,其所能皆可以接物,而不能互相为用。○王念孙曰:杨以耳目鼻口形连读,而以能字属下读,于义未安。余谓形能当连读,能读为态,《正名篇》以耳目口鼻与形体并列,彼言形体,犹此言形态。

案:王读能为态,非也。能即良能之能。耳目鼻口,形也。能听能视能嗅能尝,能也。能与形对。能形皆谓耳目鼻口,故曰天官。天官、天君,即孟子耳目之官、心之官之别也。无为插入形态,反不伦矣。

又案:《正名篇》曰:"所以知之在人者谓之知,知有所合谓之知。知所以能之在人者谓之能,能有所合谓之能。"此即能字之正解。盖耳目鼻口皆有知,即皆有能。耳目鼻口形能者,耳目鼻口形之能也。此所谓能各有接,即《正名篇》所谓能有所合。孟子言良知良能,荀子亦以知能并言,则荀子之谓能,即孟子之良能,明矣。杨注以能属下读,未为误,特所以诠能字者未晰,故以来王氏之疑耳。某前言形与能对,与五官之数不合,非也。

则知其所为，知其所不为矣。

杨注：知务导达，不攻异端。

案：此注不得原意，可删。本文甚明，不待注也。

官人守天，而自为守道也。

杨注：官人，任人。欲任人守天，在于自守道也。皆明不务知天之义也。○刘师培曰：官人者，执一不通之人也。盖吏之事君者谓之官人，有一偏之才亦谓之官。《礼·乐记》言"大德不官"，不官者，言其不宥于一曲也，官与管同。此文言执一之人，仅知守天，而自以为守道。

案：官人犹言官师，此即指阴阳太史之官言，刘说尚未的。《正论篇》、《礼论篇》皆有官人以为守之言，此官人即彼官人矣。官人则守天，而自为则守道。自为者，谓圣人也。

故君子敬其在己者。

俞樾曰：敬当为苟。《说文·苟部》："苟，自急敕也。"《经典》通作亟。

案：敬字不误。俞说故弄巧，而不知实穿凿也。

耘耨失薉。

杨注：失薉，谓耘耨失时，使秽也。薉与秽同。○卢文弨曰：耘耨失薉，《韩诗外传·二》作"枯耘伤岁"，枯与楛同，疑是也。○郝懿行曰：耘耨失薉，《韩诗外传·二》作"枯耘伤岁"，与上句相俪，是也。○王念孙曰：卢说是也。

楛耘失岁,上对"楛耕伤稼",下对"政险失民"。岁之为蔉,
乃涉下文"田稼蔉恶"而误。

案:此当作楛耰失岁。楛耘二字形略相似,又耘耰恒
连文,是以致误耳。《韩诗外传》作枯耘,此作楛耰,耘耰
一也。

举错不时。

杨注:举谓起兵动众。错谓怀安,失于事机也。

案:举错犹言兴废,百事皆有之,不必专指用兵也。
注误。

内外无别,男女淫乱,则父子相疑,上下乖离。

王念孙曰:案"内外无别"二句为一类,"父子相疑"二
句为一类,"父子"上不当有"则"字。《群书治要》无"则"字,
《韩诗外传》亦无。

案:则字似可存。盖上言"勉力不时,则牛马相生,六
畜作祅",两则字正相对也。

则日切瑳而不舍也。

郝懿行曰:切瑳,言务学也。

案:切瑳犹言扬搉,非务学之谓。郝说未是。

理贯不乱。

杨注:知礼,则其条贯不乱也。

案:理贯不乱,谓理得其贯则不乱也。注以"贯不乱"
三字连释,失之。

水行者表深。

俞樾曰：水行当作行水。行水者表深，与下文"治民者表道"一律。《孟子·离娄篇》"如智者若禹之行水也"，此"行水"二字之证。

案：水行与行水不同，俞说牵而一之，直是不通矣。

正论篇第十八

世俗之为说者曰:"主道利周。"

案:主道利周,盖法家之言。

《书》曰:克明明德。

杨注:《书·多方》曰:"成汤至于帝乙,罔不明德慎罚。"

案:《康诰》曰:"克明德。"此重一明字,或出逸书。注引《多方》"明德慎罚"释之,非也。

岂特玄之耳哉。

案:玄亦读眩。

以是百官也,令行于境内,国虽不安,不至于废易遂亡,谓之君。

杨注:仅存之君。

案:注"仅存之君","仅存"字无意,此但言如是始谓之君耳,不得添字说之,反违本旨。

然而暴国独侈,安能诛之。

王先谦曰:以上下文义求之,能字不当有。

案：能字非衍文，吾未见其为不当有也。

桀纣非去天下也。

杨注：非天下自去也。

案：去犹弃也。桀纣不弃天下，而天下自去之，故曰非去天下也。注云"非天下自去也"，转与本意相反。

后世之言恶者，必稽焉。

杨注：言恶者，必稽考桀纣以为龟镜也。

案：稽犹计也，谓言恶人必计桀纣也。注解为稽考之为龟镜，非也。

是不容妻子之数也。

杨注：不能容有其妻子，是如此之人数也。犹言不能保妻子之徒也。《列子》梁王谓杨朱曰"先生有一妻一妾，不能治"也。

案：不容妻子，即孟子言"不足以保妻子"。《易》曰"容保民无疆"，容保一义。注引梁王谓杨朱之言说之，非也。

譬之是犹伛巫跛匡，大自以为有知也。

俞樾曰：大乃而之讹。

案：大自以为有知，犹言自以为大有知。大字在上，倒文耳，不得如俞说改为而字。后文曰"汤武者至天下之善禁令者也"，若以今日文法言之，亦当曰汤武者天下之至善禁令者矣，至字岂讹字乎？

一物失称,乱之端也。

杨注:失称,谓失其所称类,不相从也。○王先谦曰:称,权称也。失称,谓失其平。杨注非。

案:失称谓不相当,荀子本文甚明。王说谓失其平,反泛而不切矣。

夫是之谓视形埶而制械用,称远近而等贡献,是王者之至也。

杨注:至当为志,所以志识远近也。○王念孙曰:至当为制。

案:此"王者之至"疑与下"未足与及王者之制"至、制二字互舛。

沟中之瘠也,则未足与及王者之至也。

俞樾曰:此文当在"东海之乐"下。荀子原文盖云"语曰'浅不足与测深,愚不足以谋知,坎井之蛙,不可与语东海之乐,沟中之瘠,未足与及王者之制',此之谓也"。"坎井之蛙"二句,所谓"浅不足与测深"也。"沟中之瘠"二句,所谓"愚不足以谋知"也。

案:此"沟中之瘠也"上云"是规磨之说也"。规磨之说,犹今言揣测之谈,谓不足以信也。故即继之曰"沟中之瘠,未足与及王者之至",以沟中之瘠而议王者之至,所谓规磨之说也。文自相连,俞氏谓"沟中之瘠"句误倒在上,非也。"浅不足与测深"三句,古自有其语,故称"语曰"。"沟中之瘠"云云,乃荀子之辞,岂可以入"语曰"中耶?

智惠甚明。

案:惠与慧通,前文已见之。

不能以伪饰性。

案:饰读饬,前文已见之。

天下厌然与乡无以异也。

杨注:厌然,顺服貌。

案:厌然犹晏然。

犹复而振之矣。

杨注:服而振之,谓犹如天下已去而衰息,今使之来复而振起也。

案:复而振之,谓复振之也。振即上"振动从服"之省,"而"字无义。注分复振为二事,谓来复而振起,非是。

持老养衰,犹有善于是者与,不老者休也,休犹有安乐恬愉如是者乎?

杨注:不老,老也,犹言不显,显也。或曰:"不"字衍耳。○郝懿行曰:不老者,不衰老也,犹《诗》之言"永锡难老"矣。故以"天子无老"申之。杨注二说皆非。○王念孙曰:或说是。○俞樾曰:案此当作"犹有善于是者不与",不读为否,传写误倒在下。

案:"不"疑"夫"字之讹。上言"犹有善于是者与",下言"犹有安乐恬愉如是者乎",文正一律,不得如俞说乙"不"

字于"与"字之上。

故作者不祥，学者受其殃，非者有庆。

杨注：作凫琐者不详①也。○俞樾曰：此谓作世俗之说者不祥。下文引《诗》曰"下民之孽，非降自天，噂沓背憎，职竞由人"，可见荀子之意。深疾世俗之说，故为此言。杨注未得其旨。

案：俞说非也。作者正谓始作凫琐者，杨注不误，顺上文读之自见。至引《诗》"职竞由人"云云，亦以证罪在朱象。

世俗之为说者，曰太古薄葬。

案：此节攻墨家节葬之说也。

是不及知治道，而不察于扣不扣者之所言也。

案："所言""言"字，不与上下文义相应，疑系"由"字之误。

今人或入其央渎，窃其猪彘。

杨注：央渎，中渎也，如今人家出水沟也。○刘师培曰：渎当作窦，古通用。如《周礼·大宗伯》注"四窦"即《尔雅》之"四渎"。

案：央疑穴字之误，央、穴形近，故易舛耳。刘谓央渎为大窦，非也。穴窦与猪彘对文，宜皆双字。

----

① 原文如此。"详"当作"祥"。

夫今子宋子不能解人之恶侮。

杨注：解,达也。不知人情恶侮而使见侮不辱。

案：解犹释也,谓解去释去也。注训达,失之。

将以为有益于人,则与无益于人也。

杨注：与读为预。本谓有益于人,反预于无益人之论也。○王念孙曰：杨说甚迂。余谓与读为举,皆也。

案：与字本在则字上,"有益于人"下当读至"与"字绝句,此误倒在"则"字下耳。

子宋子曰：见侮不辱。

案："子宋子曰"以下,当别起为一节。

是非以圣王为师。

王引之曰：是非当作莫非。

案：上言"无隆正,则是非不分",又言"天下之大隆,是非之分界",此云"是非以圣王为师",盖承上文而言,谓是与非必以圣王为师也。不得如王说改作莫非。

有义荣者,有势荣者。

案：荀子所谓势荣、义荣,犹孟子之言天爵、人爵也。

百姓以为成俗。

王念孙曰：本作百姓以成俗,吕本无为字。《礼论篇》"官人以为守,百姓以成俗",成上亦无为字。

案：为字非衍。《正名篇》曰"诸夏之成俗曲期",成俗自成一名,不与为字复也。吕本无为字,盖不知者删之。

虑一朝而改之。

杨注：其谋虑乃欲一朝而改圣王之法。

案：虑一朝而改之，犹思一朝而改之。虑，思也。注殊赘。

将恐伤其体也。

杨注：伤其体，谓受大辱。

案：伤其体，即承上"蹪跌碎折"言。注以为大辱，非也。

礼论篇第十九

先生恶其乱也,故制礼义以分之,以养人之欲,给人之求,使欲必不穷乎物,物必不屈于欲,两者相持而长,是礼之所起也。

杨注:屈,竭也。先王为之立中道,故欲不尽于物,物不竭于欲,欲与物相扶持,故能长久,是礼所起之本意也。

案:"养人之欲",养有持义,荀书屡以持养并言。"使欲必不穷乎物",即养欲之道,"不穷乎物"者,不尽物也。人之欲不尽物,而物亦足以给人之求,故又曰"物必不屈于欲"。"两者相持而长",此两者,即谓欲不尽物、物不屈欲之道,非谓欲与物也。杨注殊欠分明。又长读丁丈反,亦非长久之意。

疏房檖貌,越席床第几筵,所以养体也。

杨注:貌,古貌字。檖貌,未详。或曰:檖读为邃。貌,庙也。庙者,宫室尊严之名。或曰:貌读为邈,言屋宇深邈绵邈也。

案：或说樬读为邈，额读为庙，是也。《左传》虞人之箴曰："民有寝庙，兽有茂草。"古居屋亦谓之庙，不必宗庙而后曰庙也。故此以疏房、邈庙对言。至杨曰"庙者宫室尊严之名"，则不得其说而为之辞。

孰知夫出死要节之所以养生也。

杨注：孰，甚也。

案：孰不训甚，孰如本训，读谁孰之孰。觉孰知者，谓无能知之也。此下四也字，皆当读如耶。

苟怠惰偷懦之为安。

杨注：懦读为儒。○卢文弨曰："偷懦"，《非十二子篇》作"偷儒"，是也。此与《劝学篇》作"偷懦"，皆非。

案：注曰"懦读为儒"，当作儒读为懦。盖正文本作儒字，故有此注。后人既改正文，不知者遂并注文乙转矣。

两者合而成文以归大一。

杨注：大读为太。太一，太古时也。

案："两者合而成文以归大一"十字为一句。大一之一，对两而言。大当读如字，与大隆之大同。注谓"太一，太古时"，非也。后文曰"万变而不乱"，万变而不乱，是之谓一也。

又案：《小戴记·礼运篇》亦曰："是故夫礼必本于大一。"疏曰："谓天地未分混沌之元气也。"疏说亦未的。大一盖谓道之未丧者耳，不得以混沌元气言也。

县一钟，尚拊之膈，朱弦而通越也。

杨注：或曰：拊，乐器名。膈，击也。○郝懿行曰：《乐论篇》以"拊鞷"与"鞉柷"、"椌楬"相俪，则皆乐器名也。"膈"，彼作"鞷"，其字从革，窃疑亦拊之类，不得依此注以膈为击也。则此当"县之一钟"句，"尚拊膈"句，文误倒耳。○王先谦曰：《大戴礼》钟作磬，与磬同。拊膈作拊搏，无之字，《史记》亦无，明此之字衍。

案：县一钟，县者，宫县也。则县下不当有之字。又王谓之字衍，是也。

然而不法礼，不足礼，谓之无方之民。法礼，足礼，谓之有方之士。

杨注：方犹道也。○郝懿行曰：方犹隅也。廉隅谓有棱角。

案：注"方犹道也"，不误。郝说非是。《庄子·天下篇》曰"天下之为方术者多矣"，又曰"古之道术有在于是者"，或言方术，或言道术，是方、道一也。

文理情用，相为内外表里，并行而杂，是礼之中流也。

杨注：中流，谓如水之清浊相混也。○王先谦曰：中流犹中道，下有复句可互证。杨注非。

案：后文"故其立文饰也，不至于窕冶下，是礼之中流也"，杨注正作"中流，中道"也。

于是其中焉方皇周挟,曲得其次序。

杨注:方皇读为仿偟,犹徘徊也。

案:方、皇皆有广大意,犹周浃也。注以为彷徨、徘徊,非也。

故死之为道也,一而不可得再复也,臣之所以致重其君,子之所以致重其亲,于是尽矣。

杨注:以其一死不可再复,臣子于极重之道,不可不尽也。

案:曾子曰:"吾闻诸夫子,人未有自致者也,必也亲丧乎!"此两致字,皆当与彼同训尽,不训极也。

所以持险奉凶也。

杨注:持,扶助也。

案:持犹奉也。持、奉互文。注"持,扶助也",非是。

两情者,人生固有端焉。

案:此云端,即孟子四端之端。故曰:"无性则伪之无所加,无伪则性不能自美。"是荀子亦未尝不知性之有善也。

非顺孰修为之君子,莫之能知也。

杨注:顺,从也。孰,精也。

案:顺孰即驯熟。

天能生物,不能辨物也。地能载人,不能治人也。

案:辨亦治也。辨、治互文。

98

饭以生稻,唅以槁骨,反生术矣。

杨注:术,法也。

案:反生术,谓反乎生人之道也。术训道,不训法。

刻死而附生谓之墨,刻生而附死谓之惑,杀生而送死谓之贼。

杨注:墨,墨子之法。○王念孙曰:"墨"与"惑"、"贼"对文,则墨非墨子之谓。上文云"事生不忠厚,不敬文,谓之野;送死不忠厚,不敬文,谓之瘠",此云"刻死而附生谓之墨",《乐论》云"乱世之征,其养生无度,其送死瘠墨",又以"瘠墨"连文,则墨非墨子明矣。

案:瘠正谓墨子之道太瘠薄也,故《乐论》以瘠墨连文。然则墨之谓墨子之法,无疑耳。此下云"儒者是矣",儒亦与墨对。《修身篇》"术慎墨而情杂污",慎墨与杂污对文,荀子固有此种说法也。至刘申叔引《左传》叔向之言"贪以败官为墨",谓刻死附生略与贪同,故谓之墨,更附会可笑。

因以饰群别、亲疏、贵贱之节。

杨注:群别,谓群而有别也。

案:群、别对文。群之与别,犹亲之与疏、贵之与贱然矣。注谓群而有别,以群别连释,非也。

故社祭社也,稷祭稷也,郊者并百王于上天而祭祀之也。

杨注:百王,百神也。或神字误为王。○郝懿行曰:上云祭社祭稷配止一人,此言郊祭上天配以百王,尊之至也。百王,百世之王,皆前世之君也。杨注欲改王为神,则谬矣。○郭嵩焘曰:"故社"以下数语,在此终为不类,疑当在下"尊尊亲亲之义至矣"下,言社以报社,稷以报稷,郊者并百神而尽报之,皆"志意思慕"之积也。

案:此言郊者并百王于上天而祭祀之,正以见王之重耳。言社言稷,皆陪文也。郭误认为说祭之文,故欲移之"尊尊亲亲之义至矣"之下,其实误也。又百王当从郝说为是。

祭者,志意思慕之情也。

王念孙曰:情当为积,字之误也。

案:情字不误。下文云"其于志意之情者,惆然不嗛;其于礼节者,阙然不具",以情与礼节对言,礼节即文也,是正情文俱尽之说。王氏说非也。

事死如事生,事亡如事存,状乎无形影,然而成文。

杨注:言祭祀不见鬼神,有类乎无形影者。

案:此当以"状乎无形"为句,"影"字下属为句。"影然"者,"成文"之貌也。影当作景,俗书误作影耳。生与形为韵,存与文为韵,盖间句韵也。杨以形影连读,非是。

乐论篇第二十

而墨子非之奈何？

案：墨子非之奈何，犹言墨子奈何非之，倒文耳。

则百姓莫不安其处，乐其乡，以至足其上矣。

案：足其上，犹言重其上。说见前。

乐姚冶以险。

案：姚冶即窕冶。窕、姚皆佻之假字。

声乐之象。

案："声乐之象"以下当别起为一节。声乐之象四字，即提纲也。

众积意諄諄乎。

卢文弨曰：元刻无意字。諄，《说文》作誟，云："语誟誟也，直离切。"元刻正同。

案：积者习也。諄諄犹谆谆。谆谆，厚也。众积意諄諄，言众习此而意谆厚也。上文云"舞意天道兼"，此云"众积意諄諄"，文正相应。卢欲依元刻去意字，非也。

解蔽篇第二十一

凡人之患,蔽于一曲而暗于大理。

杨注:一曲,一端之曲说。是时各蔽于异端曲说,故作此篇以解之。○王先谦曰:"是时"二句,当在"如有物壅蔽之也"下。

案:异端曲说,正承上"一曲,一端之曲说"而言。若移于篇目之下,则所谓曲说者无根矣。王说非也。杨注本解一篇之旨,但于首句下发之耳。

治则复经。

案:复经,即孟子之言反经。

两疑则惑矣。

杨注:两疑,谓不知一于正道,而疑蔽者为是。一本作"两则疑惑矣"。○俞樾曰:两有匹偶之义。疑字亦作拟。天下之道一而已矣。有与之相敌者,是为两;有与之相乱者,是为疑。两焉疑焉,惑从此起,故曰"两疑则惑矣"。

案:"两疑"句,当从一本作"两则疑惑矣"为是。后文曰

"心枝则无知,倾则不精,贰则疑惑",此"两则疑惑"即彼之"贰则疑惑"也。故此下继之曰"圣人无两心",彼文下亦继之曰"类不可两也",统前后文观之,可见。

则必或是或非,或治或乱。

卢文弨曰:宋本或皆作惑。

案:宋本或作惑者,此或本惑之假字,宋本改依正写耳。"惑是惑非,惑治惑乱",简言之,则惑于是非治乱耳,正承上"两则疑惑"来,非曰有是有非有治有乱也。

妒缪于道。

案:妒缪于道,用妒字者,如刘歆《让太常博士书》所谓妒道真者也。下文"倚其所私以观异术,唯恐闻其美也",即妒之为也。"私其所积,唯恐闻其恶也",即缪之为也。

而人诱其所迨也。

杨注:迨,近也。近,谓所好也。○郝懿行曰:迨者及也。注训近,则借为殆字,殆训近也,其义较长。

案:迨借作殆。殆,危也,不正也。谓本以求正,而妒缪于道,故人得诱之以所不正也。殆与正相对为义。

是以与治虽走,而是己不辍也。

杨注:走,并驰。治,谓正道也。既私其所习,妒缪于道,虽与治并驰,而自是不辍。"虽"或作"离"。○郝懿行曰:"虽"当依注作"离"。与治离走,谓离去正道而走,而自以为是,不辍止也。○王念孙曰:作"离"是也。言与治离走而自是不已也。

案：不辍者，走而不辍也。郝说较王说为长。

心不使焉，则白黑在前而目不见，雷鼓在侧而耳不闻，况于使者乎！

杨注：使，役也。以论不役心于正道，则自无闻见矣，况乎役心于异术，岂复更闻正求哉！○俞樾曰：下"使"字乃"蔽"字之误。此承上文"蔽于一曲"而言，下文"欲为蔽，恶为蔽"诸句，又承此而极言之，故篇名《解蔽》也。因涉"心不使焉"句而误作"使"。既云"心不使焉"，又云"况于使者乎"，文不可通。杨曲为之说，非是。

案：俞改"使者"为"蔽者"，非也。不使与使，正相对为义。不使而不见不闻者，《大学》所谓"心不在焉，视而不见，听而不闻，食而不知其味"也。使之之害则《大学》所谓"有所忿懥，不得其正；有所恐惧，不得其正；有所好乐，不得其正；有所忧患，不得其正"也。盖使者，正蔽之根也。后文言"心者自禁也，自使也"，又曰"使之则谋"，屡用使字，足明此使字非无义者矣。

故为蔽。

谢本从卢校作"数为蔽"。卢文弨曰：正文"数"，宋本作"故"。○郝懿行曰：案"数"当作"故"。故，语词也。此句为下十蔽总冒。○王念孙曰：作"故"者是也。○俞樾曰：故犹胡也，胡之言何也。○王先谦曰：郝、王说是，今从

104

宋本改正。故训为胡,俞说是也。

案:"故为蔽"三字,为一节之总提。故不必如俞说读为胡字。古人之文,多有以故字发端者,如《小戴礼·礼运篇》"故圣人参于天地","故人者其天地之德","故礼义也者人之大端也",《正义》皆别作一章,与前不相承,此亦当犹是尔。

昔宾孟之蔽者,乱家是也。

杨注:乱家,谓乱周之家事,使庶孽争位也。

案:上"乱家之人",杨注曰"乱人",是也。此何以改之?

宋子蔽于欲而不知得。

杨注:宋子以人之情欲寡而不欲多,但任其所欲则自治也。蔽于此说而不知得欲之道也。○俞樾曰:古得、德字通用。"蔽于欲而不知德",正与下句"慎子蔽于法而不知贤"一律,注失之。

案:"得"不得训"德"。宋子曰"人之情欲寡",是宋子本主寡欲,非贪欲之徒,岂得以欲、德相对而曰不知德乎?《正论篇》驳宋子"见侮不辱,使民不斗"之说曰"斗在恶而不在辱",此意盖云,人之所求亦在得而不仅在欲。彼以恶字破辱字,此以得字破欲字,一也。

又案:《正名篇》曰:"欲不待可得,而求者,从所可。"又曰:"欲虽不可去,所求不得,虑者欲节求也。"然则欲是一字,得又是一字。欲但在心,而得者涉于物。涉于物者,有可求不可求、可得不可得。人之所争者,亦在得之合义与否,不在欲之多寡也。彼亦辨正宋子之说者。以彼此合观之,作"得"不作"德"明矣。杨注"不知得欲之道",意为近之。

又案:宋子虽曰"人之情欲寡",而其所以说秦楚之王者,仍不免以利言,是其立论终堕于欲之一边也。故孟子以仁义救之,即其不知仁义,则亦可曰"蔽于欲而不知德"。有主俞氏之说者,或当以此申之。

庄子蔽于天而不知人。

杨注:天谓无为自然之道。庄子但推治乱于天,而不知在人也。

案:庄子言因任自然,故以为蔽于天而不知人。人者人为也,此与荀子之道最舛。注谓"但推治乱于天,而不知在人",此不独失荀旨,且亦未解庄书。

故由用谓之,道尽利矣。

杨注:若由于用,则天下之道,无复仁义,皆尽于求利也。○王先谦曰:如注,"道"字下属,"谓之"二字无着。此言由用而谓之道,则人尽于求利也。下并同。数者道之一隅,而墨、宋诸人自以为道,所以为蔽也。杨失其读。

案:由用谓之,犹曰由用言之也。自"之"字断句,未为不可。

又案：道尽利者，谓利可以尽道也。下尽嗛、尽数并同。王氏解尽利为人尽求利，殊失荀旨。

又案：利者爱利，非恶名也，故荀子亦以为道之一隅，非欲尽屏之也。注以此利与仁义对，非是。墨之言兼利，自兼爱来，正所谓仁义也。

由欲谓之，道尽嗛矣。

杨注：嗛与慊同，快也。言若从人所欲，不为节限，则天下之道，尽于快意也。

案：嗛，足也。道尽嗛者，谓足欲可以尽道也。杨注解嗛为快，曰"从人所欲，不为节限，则天下之道，尽于快意也"，此绝非荀子难宋子之意。宋子方以情欲为寡浅，岂有从其道而及从人所欲，不为节限，尽于快意者哉？《正论篇》荀子之难宋子也曰"目欲綦色，耳欲綦声，口欲綦味，鼻欲綦臭，形欲綦佚，则尽于快意"云云，无宁为荀子之所主，而岂以此罪宋子哉？《汉志》有《宋子》十八篇，曰"其言黄老意"，然则宋子之嗛，犹老子之知足云尔。训嗛为足，不独训诂无逮，亦于两家之说为合。

曲知之人观于道之一隅，而未之能识也。

杨注：曲知，言不通于大道也。一隅犹昧，况大道乎？

案：未之能识，谓未能识道也，非不识此一隅也。注"一隅犹昧"，非。

一家得周道,举而用之。

杨注：一家得,谓《春秋》也。周道举,谓删《诗》《书》、定礼乐。○郝懿行曰："一家得周道"句,"举而用之"句。此言孔子志在《春秋》,行在《孝经》,又曰"吾学周礼""吾从周",盖能考论古今成一家言。○王先谦曰：郝读是也。言孔子为《春秋》一家之言,而得周之治道,可以举而用之。

案：郝断"一家得周道"句,"举而用之"句,是也。周道即对一曲言,周者周至之谓,非三代之周也。一家得周道,言一家而得道之全,初不必以作《春秋》删《诗》《书》实之。杨注失之泥矣。而郝、王又误以周道为周之治道,并非也。

不蔽于成积也。

杨注：成积,旧习也。○王先谦曰：《儒效篇》云"并一而不二,所以成积也","并一而不二,则通于神明,参于天地","涂之人百姓积善而全尽,谓之圣人"。道由积而成,故谓之成积。不蔽于成积者,犹言不蔽于道之全体也。

案：杨注"成积,旧习",不误。上云"私其所积,唯恐闻其恶也",此积字,即根彼积字来,安得有二说乎?《儒效篇》"所以成积",积亦训习,至"积之有善、有恶、有是、有非",则所谓"美恶不嫌同辞"者,其义终未可改也。又此之成积,谓一成不变之积习,成为静字。《儒效篇》之成积,则谓所以成此积,成为动字。如何牵混而一之? 王氏之说殊颠顸矣。

知而有志,志也者臧也。

杨注:在心为志。

案:志犹誌也,故杨以"在心为志"释之。然语欠分明,与言志向、志趣终嫌少别。

作之则将须道者之虚则人将事道者之壹则尽尽将思道者静则察。

杨注:此义未详,或恐脱误耳。或曰:此皆论虚壹而静之功也。作,动也。须,待也。将,行也。当为"须道者虚则将,事道者壹则尽,思道者静则察",其余字皆衍也。作之则行,言人心有动作则自行也。以虚心须道,则万事无不行;以一心事道,则万物无不尽;以静心思道,则万变无不察。此皆言执其本而末随也。○王引之曰:杨训将为行,而以"作之则将"绝句,又增删下文而强为之解,皆非也。此当以"作之"二字绝句。下文当作"则将须道者之虚,虚则人;将事道者之壹,壹则尽;将思道者之静,静则察"。此承上文"虚壹而静"言之。将,语词也。道者,即上所谓道人也。言心有动作,则将须道者之虚,虚则能入;将事道者之壹,_{事如请事斯语之事。}壹则能尽;将思道者之静,静则能察也。虚则入者,入,纳也,犹言虚者能受也。故上文云"不以所已臧害所将受谓之虚"也。壹则尽者,言壹心于道则道无不尽也。静则察者,言静则事无不察也。今本"入"误作"人",其余又有脱文衍文耳。○刘师培曰:王说近是,惟增字则非。此文当断"作之"为句,作之犹言若用之也。下文当作"则将须道者虚则入,将事道者壹则尽,将思道者静则察",将犹欲也,言本虚壹而静之心推用之,则欲须道之人可由虚而入道,欲事道之人可由壹而尽道,欲思道之人可由静而察道。

案:作之谓兴起之也。"之"即指求道者言。作之与上谓之文正一例。谓之虚壹而静者,告之虚壹而静也。

又案:须者,顺之讹字。顺道者循道也。《富国篇》"其于货财取与计数也,顺孰尽察",顺亦误作须,是其证也。

又案:"将思道者静则察",不得于察字句绝,当连下"知道"二字为句,谓静则察知道也。察知道者,然后能行道,故接曰"察知道,行体道者也"。后之"察知道",分明叠上"察知道"而言之,故知上不得于"察"字句绝。杨、王、刘三氏皆未审。

故曰心容,其择也无禁必自见,其物也杂博,其情之至也不贰。

杨注:容,受也。言心能容受万物,若其选择无所禁止,则见杂博不精,所以贵夫虚壹而静也。〇王先谦曰:此承上文"心者形之君也"云云,而引古言以明之。心自禁使、自夺取、自行止,是容其自择也。《正名篇》亦云:"离道而内自择。"容训如《非十二子篇》容辨异之容。无所受令,是无禁也。神明之主出令,是必自见也。物虽杂博,精至则不贰。"心容其择也"句,"无禁必自见"句。杨失其读。

案：王说亦未是。“心容”二字为句。《庄子·天下篇》言宋钘、尹文“语心之容，命之曰心之行，以胹合欢，以调海内”，则心容二字，当时固有是语，犹言心之情状也。

又案：《洪范》“思曰睿”，《今文》作“思心曰容”。《春秋繁露·五行五事篇》云：“王曰思，思心曰容。容者，言无不容。容作圣，圣者设也。王者心宽大无不容，则圣能施设，事各得其宜也。”心容二字，或即用《洪范》之说。然终当于“容”字句绝，不得属下读。盖“其择也”“其物也”“其精之至也”，文皆相俪。心容二字，乃下文各句之总提耳。

心枝则无知。

杨注：枝，旁引如树枝也。〇郝懿行曰：案枝与岐同，古字通用，岐者不一也。

案：心枝之枝，当训如《易·系》“中心疑者其辞枝”之枝，谓不定而分散也，故曰“枝则无知”。郝说尚未尽。

以赞稽之万物。

杨注：赞，助也。

案：“以赞稽之万物”，赞训明，不训助。《易·说卦》“幽赞于神明”注：“赞，明也。”

处一危之，其荣满侧。养一之微，荣矣而未知。

杨注：一谓心一也。危之当为之危，谓不自安，戒惧之谓也。侧谓迫侧，亦充满之义。微，精妙也。处心之危，言能戒惧，兢兢业业，终使之安也。养心之微，谓养其未萌，不使异端乱之也。处心之危有形,故其荧满侧可知也。养心之微无形,故虽荧而未知。

案:荧当读如荧。荧,惑也。"处一危之,其荧满侧",言处一而戒惧。"危之"者,物之惑我者常满于我前也。此知避惑而不得避惑之道者也。至"养一之微",则荧矣而未知,心能退藏,物虽多,讵足以摇撼之哉? 故曰:"人心之危,道心之微。"盖言危者犹是人心,必入微而后始是道心也。故又曰:"危微之几,惟明君子而后能知之。"危微之几,即危微之别也。

则不可以得大形之正也。

王先谦曰:大字无义。上言"槃水见须眉肤理,非能见身之全形也",大形疑当作本形。

案:大字不误。大形,形之大者,不必身之全形也。须眉肤理,皆形之细者。此对彼言,故宜言大。

则不足以决庶理矣。

卢文弨曰:庶理,宋本作粗理,今从元刻。

案:宋本作粗理,是也。粗理正对是非嫌疑之精微者言。元刻作庶,乃不知者妄改耳。

是其庭可以搏鼠,恶能与我歌矣!

杨注:"是"盖当为"视"。曾子言:"有人视庭中可以搏击鼠,则安能与我成歌咏乎?"言外物诱之,思不精,故不能成歌咏也。○卢文弨曰:正文"矣"字,元刻作"乎"。○郝懿行曰：此言庭虚无人，至静矣，恐有潜修其中而深思者，我何可以歌咏乱之乎？荀义当然，注似失之。

案：其庭可以搏鼠，言秽乱也，故曰"恶能与我歌"。郝说非是。又"矣"同"乎"，不必改字。

辟耳目之欲，可谓能自强矣，未及思也。蚊蝱之声闻，则挫其精，可谓危矣，未可谓微也。

杨注："可谓能自强矣未及思也"十字，并衍耳。〇郝懿行曰：此文错乱不可读，当作"辟耳目之欲而远蚊蝱之声，可谓能自危矣，未可为微也"。余皆涉上文而误衍。〇郭嵩焘曰：下两言"何强何忍何危"，则此七句正作三项言之。疑此"可谓能自强矣"六字衍，"未及思也"句当在前"可谓能自强"下。〇王先谦曰：郭说是也。杨、郝说并非。

案："未及思也"当移于前"可谓能自强矣"下，"可谓能自强矣"六字当删，郭说是也。"蚊蝱之声闻则挫其精"当从郝说改作"而远蚊蝱之声"。

凡观物有疑，中心不定，则外物不清。

案："凡观物有疑"为此一节之总提，不与"心中不定"句属。

见植林以为后人也。

俞樾曰：上文"见寝石以为伏虎也"，伏与寝义相应。此云后人，则与植林不相应矣。植林岂必在后乎？疑荀子原文本作立人，立与植正相应。

案："后人"，后字疑从字之误，从盖耸之假字。

水动而景摇，人不以定美恶，水埶玄也。

杨注：玄，幽深也。或读为眩。

案：玄者眩之假字。水势眩，与下用精惑相对，眩惑
一也。

以可以知人之性。

案："可以知人之性"，可字疑所字之讹。《正名篇》曰：
"所以知之在人者谓之知。"以彼证此，则此亦必作所以知。
所字破缺，乃误为可耳。

而无所疑止之。

杨注：疑止，谓有所不为。疑或为凝。○郝懿行曰：疑
止说已见《王制篇》。按：《王制篇》说与俞氏同，谓凝皆俗
字。○俞樾曰：《诗·桑柔篇》"靡所止疑"，传曰："疑，定
也。"疑训定，故与止同义。此云疑止，犹《诗》云止疑。

案：疑字当涉上节"疑玄"字而衍。《修身篇》"将有所
止之，又止之也"，《儒效篇》"有所止也"，皆单用一止字。此
文下"学也者，固学止之也。恶乎止之？曰：止诸至足"，亦
皆仅一止字。则此止字上不得有疑字明矣。

**故有知非以虑是，则谓之惧。有勇非以持是，则谓
之贼。**

王引之曰：惧当为攫。《不苟篇》曰"小人知者攫盗而
渐"，故曰"有知非以虑是，则谓之攫"。

案：此惧、贼字疑互舛。王说嫌其附会。

察孰非以分是，则谓之篡。

杨注：孰，甚也。

案：孰与熟通，荀书皆然。

多能非以修荡，是则谓之知。

王引之曰：修读为涤，谓涤荡使洁清也。

案：荡字疑衍。虑是、持是、分是、言是，皆单字，则此亦当作"修是"，方一例。王说迂而难通。

妄辨而几利。

杨注：几，近也。妄辨几利，谓妄为辨说，所近者惟利也。

案：几，祈也。几利，谓求利也。

不慕往，不闵来。

杨注：不慕往，谓不悦慕无益之事而往从之也。不闵来，谓不忧悯无益之事而来正之也。或曰：往，古昔；来，将来也。不慕往古，不闵将来，言惟义所在，无所系滞也。

案：不慕往，不闵来，即《庄子·应帝王》所谓"不将不迎"也。杨注两说皆未得其义，惟"无所系滞"之语，颇为近之。

周而成，泄而败，明君无之有也。宣而成，隐而败，暗君无之有也。

案：此即《正论篇》"主道不利周"之说。

正名篇第二十二

杨注：是时公孙龙、惠施之徒，乱名改作，以是为非，故作《正名篇》。

案：《正名篇》不专为名家作，观篇中所引，有宋钘、墨翟之说可见也。当合《非十二子篇》、《正论篇》观之。

散名之加于万物者，则从诸夏之成俗曲期，远方异俗之乡，则因之而为通。

杨注：期，会也。曲期，谓委曲期会物之名者也。○郝懿行曰：曲期，谓曲折期会之地，犹言委巷也。此与远方异俗相俪。杨注断"曲期"上属，似未安。○王先谦曰：郝云"曲期"二字下属，是也，而解为委巷，非也。曲期者，乃委曲以会之。万物之散名，从诸夏之成俗，以委曲期会于远方异俗之乡，而因之以为通，所谓"名从中国"是也。○刘师培曰：曲当作典。期、记古通。典记者，犹孟子所谓"于传"也。此二字仍当上属。

案：期犹约也。后文云"是所以共其约名以相期也"，

116

是期与约同义。又云"约定俗成谓之实名"。彼以约俗对文，此以俗期对文，一也。曲者委曲，所期非一，故曰曲期。本文义自可通，无待多辞以为之说。刘氏臆为改字，尤非也。

生之所以然者谓之性。性之和所生，精合感应，不事而自然谓之性。

王先谦曰：性之和所生，当作生之和所生。此生字与上生字同，亦谓人生也。两"谓之性"相俪，生之所以然者谓之性，生之不事而自然者谓之性，文义甚明。若云性之不事而自然者谓之性，则不词矣。

案：性之和所生，性字不误。上言生之所以然者谓之性，是性之体也；此言性之和所生精合感应不事而自然谓之性，是性之用也。用生于体，故曰性之和所生。性字正顶上"生之所以然谓之性"之性而来，两句乃相承，非相俪者也。王氏说非是。后文"所以知之在人者谓之知，知有所合谓之知；知所以能之在人者谓之能，能有所合谓之能"，皆下句承上句，此文正与彼同，合前后观之自明。

智所以能之在人者谓之能。

杨注：智有所能，在人之心者谓之能。○卢文弨曰：句首智字衍。注当云"在人有所能谓之能"。此似有舛误。

案：知所以能之在人者谓之能，犹云知之所以能之在人者谓之能。释能而必带言知者，能之所依者知，知能一体，不可析也。卢以知为衍字，误。

故王者之制名，名定而实辨，道行而志通。

杨注：道，谓制名之道。

案：名以辨实，实以著道，道者名之原也。道即道德之道。注谓道为正名之道，失之。后文"夫民易一于道，道之以道"，注曰"道达之以正道"，彼注不误。

缘天官。

杨注：天官，耳目鼻口心体也。

案：天官即五官，谓耳目鼻口形体，不数心也。杨言耳目鼻口心体，心体当是形体之误。

凡同类同情者，其天官之意物也同。

杨注：同类同情，谓若天下之马白黑大小不同，天官意想其同类。

案：同类同情，谓人也。孟子亦曰："圣人与我同类耳。"同情，如口之于味同嗜、目之于色同美是也。注失之。

形体色理以目异。

杨注：色，五色也。○王引之曰：色理，犹肤理也。杨云"色，五色也"，失之。

案：色者颜色，理者肤理，不得以色理为肤理。王说非是。

心有征知。

杨注：征，召也。言心能召万物而知之。

案：征，验也，不训召。心有征知者，谓耳目之所接，心得以考验而知其是非、辨其然否也。下文"五官簿之而不知，心征之而无说"，征簿对文，则征与簿义当相近。且征训召，亦与缘字犯复。杨注尚失之未密。

然而征知，必将待天官之当簿其类，然后可也。

杨注：天官，耳目也。当，主也。簿，簿书也。当簿，谓如各主当其簿书，不杂乱也。○郭嵩焘曰：簿犹记录也。○俞樾曰：杨注曰"天官，耳目也"，疑此文及注并有夺误。上文云"然则何缘而以同异，曰缘天官"，注曰："天官，耳目鼻口心体也。"是天官本兼此六者而言，此何以独言耳目乎？疑天官乃五官之误。上云"心有征知"，此当云"然而征知必将待五官之当簿其类"，注当云"五官，耳目鼻口体也"。所以不数心者，征知即心也。下文云"五官簿之而不知，心征之而无说"，即承此文而言，可知天官为五官之讹。因五官讹为天官，而注又有阙文，遂不可读。

案：当簿，郭曰"簿犹记录也"，是也。荀此言，颇与释氏言耳识、眼识相似，识亦有记录义。心有征知，征知盖兼意识与第七识、第八识言之。此则儒、佛所言，各有详略，故不尽同也。

又案：《天论篇》曰："耳目鼻口形，能各有接而不相能也，夫是之谓天官。心居中，虚以治五官，夫是之谓天君。"则天官本不数心。杨于"缘天官"注曰"耳目鼻口心体也"，多一心字,自是注误,或心字为形字之讹。此注曰"天官耳目也",因承上"缘耳知声,缘目知形"而言,故但言耳目而不及口鼻形体,则杨本不误。俞氏既不细考,乃欲以注而改本文,异矣。

则人莫不然谓之不知。

王念孙曰:"莫不然谓之不知",然字涉上下文而衍。○郭嵩焘曰:然亦语词,不必为衍文。

案:然字非衍,郭说是也。"莫不然谓之不知",即"莫不谓之不知","然"语助耳。此然字盖与案字同。

推而共之,共则有共,至于无共然后止。

杨注:推此共名之理,则有共至于无共,言自同至于异也。起于总谓之物,散为万名,是异名者本生于别同名者也。○王念孙曰:"共则有共"之有读为又,谓共而又共,至于无共然后止也。杨说失之。

案:共则有共者,共名又各有其所共也。有共、无共相对为义,不得读作又。王说非。

名无固实,约之以命实。约定俗成,谓之实名。

王念孙曰:"约之以命实",实字涉上下文而衍。

案:此实字不可省。上言"名无固宜",谓名本无定,故曰"约之以命",命犹名也。后文"实不喻然后命",注谓"以名命之也"。此曰"名无固实",则非约之以实,将实终不定,故曰"约之以命实"。其实上必加一命字者,此实乃具于所命也。此

120

言实,犹今人言名之有内涵,如去实字,则与后"谓之实名"不合矣。王说非也。

圣人不爱己,杀盗非杀人也。

杨注:圣人不爱己,未闻其说,似庄子之意。杀盗非杀人,亦见《庄子》。

案:《墨子·大取篇》云"爱人不外己,己在所爱之中",故但言爱人已足,不必言爱己,此圣人不爱己之说也。又杀盗非杀人,亦见《墨子·小取篇》,注以为《庄子》,误。

验之所缘,无以同异。

郭嵩焘曰:此文"验之所缘,无以同异",与前文不合,明"无"字衍文。

案:无者,而之讹字。

非而谒楹,有牛马非马也。

杨注:"非而谒楹,有牛",未详所出。"马非马",是公孙龙白马之说也。

案:《墨子·经说上》曰:"止句无久之不止,当牛非马,若矢过楹;有久之不止,当马非马,若人过梁。"此文当作"矢而过楹,当牛非马也"。非为矢字之讹,有为当字之讹,"牛"下"马"字为衍文。

又孙诒让曰:此当以"有牛马非马也"为句。谓兼举牛马,与单举马异也。《墨子·经说下》曰:"或不非牛而非牛也,可,则或非牛而牛也,可。故曰'牛马非牛也',未可,'牛马牛也',未可,则或可或不可,而曰'牛马牛也未可'亦不可。且牛不二,马不二,而牛马二。则牛不非牛,马不非马,而牛马非牛非马,无难。"即此"有牛马非马"之义。如孙说,则矢过楹与牛马非马当为两事,亦通。或非而谓楹,为非矢过楹之误。《墨经》多错乱,原难据彼以定此也。"而"与"矢"篆文正相似。

命不喻然后期。

杨注:期,会也。言物之稍难名,命之不喻者,则以形状大小会之,使人易晓也。谓若白马,但言马则未喻,故更以白会之。

案:期谓相期约也。说已见前。注非。

累而成文,名之丽也。

杨注:累名而成文辞,所以为名之华丽,《诗》、《书》之言皆是也。或曰:丽与俪同,配偶也。

案:此当从或说为是。丽与俪同。

名也者,所以期累实也。

杨注:名者,期于累数其实以成言语。或曰:累实当为异实。言名者所以期于使实各异也。

案:累字当涉上文"累而成文""累"字而误衍。名者所以期实,承上名闻而实喻言,则不当有累字。或说亦非也。

辨说也者,不异实名,以喻动静之道也。

杨注:动静,是非也。言辨说者,不唯兼异常实之名,所以喻是非之理。辞者论一意，辨者明两端也。

案：不异实名，谓使名实不相违异也。注未晰。

期命也者，辨说之用也。

杨注：期谓委曲为名以会物也。期与命，所以为辨说之用。

案：期命，犹言名约。期与命不得析言之。

道之工宰也。

杨注：工能成物，宰能主物。○陈奂曰：工宰者，工官也。官宰，犹言主宰。旧注失之。

案："工宰"，工字疑主字之残缺。

辞让之节得矣至**何恤人之言兮，此之谓也。**

案：此节不当与上分。荀书每以士君子、圣人比类而言，如《儒效》等篇可见也。上言圣人之辨说，此言士君子之辨说，自当连属为一。

不利传辟者之辞。

杨注：利，谓说爱之也。辟读为僻。○刘师培曰：传读为专，即襄二十九年子容专之专也。杜注训专为自是，则专辟犹言坚僻。《非十二子篇》、《宥坐篇》"行僻而坚"，即此文所谓专辟也。

案：利为衍文，涉下"利而不流"而误衍。此文本作"不传辟者之辞"，辟者正与观者、贵者相对。刘说虽辨，未必然也。

永思骞兮。

杨注：骞，咎也。

案：注"骞，咎也"，盖以骞与愆通。然下有"礼义之不愆"句，则此不得又作愆也。且与上"长夜漫兮"义亦不相属。骞仍当读如本字，永思骞者，谓欲骞举而远去也。

涉然而精。

杨注：涉然，深入之貌。

案：涉然谓浅也。浅而精，与俛然而类、差差然而齐，皆以相反成义。若如注为"深入之貌"，则非其伦矣。杨注未深考。刘师培改涉为陟，谓陟然者高视之貌，尤非。

苟之奸也。

案：苟字，即《不苟篇》"行不贵苟难，言不贵苟察"之句。刘师培谓苟从句声，即委曲之义，言不求其通而歧其说也。强作解人，不知其大违书旨也。

芴然而粗，啧然而不类，诸诸然而沸。

杨注：芴与忽同。忽然，无根本貌。啧，争言也。或曰：与赜同，深也。

案：啧，或说"与赜同"，是也。芴然亦非无根本。芴者，言其隐约也。隐约而粗，正与上"君子之言涉然而精"相反。诸诸然而沸，沸当读作拂，拂者悖也，悖与齐反。

而无深于其志义者也。

杨注：不深明于志义相通之理也。

124

案："无深""无"字,当读如撫,或读如芜。撫深者谓揣摩求深也。芜深者谓芜杂而深也。盖此与上"以务白其志义"相对。务白其志义,谓但求明白,达而已。此既与相对,不得曰无深也。且上文"诱其名,眩其辞",亦非不深求之义。故知"无"字不当作本字读。至杨注"不深明于志义相通之理",如此解与前"志义"句意不相当,是未得其说而强为之辞耳。盖此论愚者之言,颇似东坡讥《太玄》,所谓以艰深文浅陋者。依是义求之,庶得其解。

穷藉而无极。

杨注:谓践履于无极之地。

案:无极对上"辞足以见极"言。彼注"极,中也,本也",则此亦当作中或本解。注"无极之地",似谓无穷极,非也。

无以道欲而困于有欲者也。

案:道读如导,谓疏导之也。

所受乎天之一,欲制于所受乎心之多,固难类所受乎天也。

杨注:此一节未详,或恐脱误耳。或曰:当为"所受乎天之一欲,制于所受乎心之计",其余皆衍字也。一欲,大凡人之情欲也。言所受乎天之大欲,皆制节于心之所受计度,心之计度亦受于天,故曰"所受"。○俞樾曰:或说甚晦,义不可通。此文当云"所受乎天之一,所受乎心之多,固难类也"。所受乎天,所受乎心,即承上文而言,一与多正相对。
所受乎天之一,言天之与人有定也。所受乎心之多,言人之
心无穷也。固难类也,犹言固不可同耳。○郭嵩焘曰:生
之有欲,一而已矣。制于所受乎心之多者,以有欲之性,听
命于心,而欲遂多,纷驰而日失其故、漓其真,则与所受于天
之一欲,又不可以类求也。文义显然。杨、俞说皆非。○刘
师培曰:受于天、受于心,均承上文言。一即《大戴·本命
篇》"形于一谓之性"之一,此一即指性而言。受于心者,即
外欲也。其易性为一者,以与下文"多"字对文之故,亦古人
属辞之法也。"一"下"欲"字,涉上文而衍。

案:郭说非也。如郭氏之说,则是欲不可受制于心也,
此与荀子之意大反。

又案:所受乎天之一,指性言,刘说是也。所受乎心之
多,谓即外欲,则非也。心之多,盖谓思也。欲一而已,而有
可有不可,可之中又有轻重、大小、缓急、先后焉。凡此皆心
之所思虑计度而定其孰取孰舍者也,则为心不亦多乎?此
所以曰"制于所受乎心之多"也。既受制于心,则所受乎天
者无权矣,故曰"难类所受乎天也"。

又案:《不苟篇》曰:"欲恶取舍之权,见其可欲也,则必
前后虑其可恶也者;见其可利也,则必前后虑其可害也者。
而兼权之,孰计之,然后定其欲恶取舍。如是则常不失陷
矣。"所谓兼权、孰计,即此言所受乎心之多者也。故此文后

亦曰"以为可而道之，知所必出也"，又曰"所求不得，虑者欲
节求也"，又曰"故人无动而可以不与权俱"。曰知、曰虑、曰
权，与彼文正相一致。

欲虽不可去，求可节也。

杨注：虽至贱，亦不可去欲。若知道，则求节欲之道而
为之也。

案：求可节者，所求可节也。上文曰"欲不待可得，而
求者从所可"，求字与欲字相对，此亦当然。注曰"求节欲之
道"，非也。

所求不得虑者，欲节求也。

杨注：为贱者之谋虑，皆在节其所求之欲也。

案：所求不得虑者，言虽在所求，而有时不得入于念虑
也。此不入于念虑者，孰为之？则心之有节为之也，故即继
之曰"欲节求也"。此欲字与前诸欲字异，盖以心之为主者
言。注未分明。

道者进则近尽，退则节求。

杨注：道谓中和之道，儒者之所守也。进退亦谓贵贱
也。道者贵者可以知近尽，贱者可以知节求。

案：进退与贵贱无涉。注非也。

**故可道而从之，奚以损之而乱。不可道而离之，奚以益
之而治。**

杨注：可道，合道也。损，减也。言若合道则从之，

奚以损乱而过此也。又曰：不合道则离之，奚以益治而过此。

案：此言可乎道而从道，则无术以损之而使之乱；不可乎道而离道，亦无术以益之而使之治。其曰"奚以"者，特反言以见其必不然耳。文自分明，注反缭绕矣。

故知论道而已矣，小家珍说之所愿皆衰矣。

杨注：能知此者，则墨、宋之家，自珍贵其说，愿人之去欲、寡欲皆衰矣。

案：珍者异也。珍说，异说也。注以珍为珍贵，失之。

离道而内自择，则不知祸福之所托。

案：前言"治乱在于心之所可，亡于情之所欲"，此又曰"离道而内自择，则不知祸福之所托"，即《非相篇》"论心不如择术"之说。

又案：上言"心也者，道之工宰也"，则此先言心、后言道，正一气相贯。

其累百年之欲，易一时之嫌。

杨注：累，积也。嫌，恶也。此谓不以道求富贵，终遇祸也。

案：百年之欲，谓终身之大计也。累当读如字。以一时之好，而使终身之大计不就，故曰累也。其不曰一时之好，而曰一时之嫌，乃极言之。或嫌为嗛之讹字，谓害百年之欲而易一时之快也。

心平愉则色不及佣,而可以养目。

杨注:所视不及佣作之人,亦可养目。○孙诒让曰:此佣当与庸通。庸犹言常。

案:《王制篇》:"立身则从佣俗,事行则遵佣故,进退贵贱则举佣士。"此三佣字,皆谓佣常也。此荀书佣、庸相通之证。

如是而加天下焉,其为天下多,其和乐少矣。

杨注:以是无贪利之心,加以天下之权,则为天下必多,为己之私和乐少矣。○王念孙曰:和当为私,字之误也。言以是不贪之心治天下,则其为天下必多,而为己之私乐必少也。杨云"为己之私和乐少",则未知"和"即"私"之误也。○王先谦曰:王说是。注中"和"字,乃后人因正文误"私"为"和"而羼入之,杨所见本盖不误。

案:"如是而加天下焉,其为天下多,其和乐少矣",此谓有以天下相加者,则视以为为天下者多,而和乐反少,盖不屑天下之意。故接之曰"夫是之谓重己役物"。杨、王说皆非是。和字更不得易为私字。

不见之行,不闻之谋,君子慎之。

杨注:不见之行,不闻之谋,谓在幽隐,人所不闻见者,君子尤当戒慎,不可忽也。《中庸》曰:"戒慎乎其所不睹,恐惧乎其所不闻,莫见乎隐,莫显乎微,故君子慎其独也。"又曰:此三句不似此篇之意,恐误在此耳。

案：不见之行，不闻之谋，谓不经见之行，不经闻之谋。与上"无稽之言"，皆指宋子"情欲寡"之说而言。注引《中庸》"戒慎不睹，恐惧不闻"以释不见不闻，非也。又谓"此三句不似此篇之意"，亦非。君子慎之，犹言君子戒之耳。戒之者，所不取也，非曰不可忽也。此"君子"即承上节"君子之言"而来。

性恶篇第二十三

杨注：当战国时，竞为贪乱，不修仁义，而荀卿明于治道，知其可化，无势位以临之，故激愤而著此论。《书》曰"惟天生民有欲，无主乃乱，惟聪易时乂"，亦与此义同也。

案：性恶之说，实荀子所见如此，非激愤而故为此言也。如宋人说气质之性，亦是实见有此理。杨注特欲为荀子回护，而不知非荀子之意也。

其善者伪也。

杨注：伪，为也，矫也，矫其本性也。凡非天性而人作为之者，皆谓之伪。○郝懿行曰：伪，作为也。伪与为古字通。杨氏不了而训为矫，全书皆然，是其蔽也。○王先谦曰：郝说是。

案：杨注"伪，为也，凡非天性而人作为之者，皆谓之伪"，训伪字甚的，未为非也。至申之曰"矫也，矫其本性也"，亦据荀书而为说，后文所谓"矫饰扰化"是也。郝氏乃以为蔽，过矣。

然则从人之性,顺人之情。

王先谦曰:《论语·八佾篇》集解:"从读曰纵。"下同。

案:从与顺一义,当读如字,不得作纵也。王说非。

合于犯分乱理。

俞樾曰:犯分当作犯文。此本以文理相对。

案:俞说非,犯分不误。淫乱、残贼、争夺,皆犯分也。若作犯文,则义太窄而不切矣。如以为上下文必相应,则上言残贼不言暴,此何以曰归于暴乎?断断字句之间,真章句小生之见也。

以矫饰人之情性而正之。

案:饰读如饬,已见前。

以扰化人之情性而导之也。

案:导当作道。作导者,后人所改耳。

纵性情。

案:纵当作从。作纵者,亦后人妄改。

不可学、不可事,而在人者,谓之性。

杨注:不可学、不可事,谓不学而能、不事而成也。○顾千里曰:而在人者,而疑当作之,人疑当作天,与"可学而能、可事而成之在人者,谓之伪",为对文也。

案:不可学、不可事,谓非人力之所得为也。《儒效篇》曰"性也者吾所不能为也",正此义。杨以"不学而能、不事而成"解之,非是。果如杨说,则反成孟子性善之说矣。

132

又案：而在人者，本文未误。不可学、不可事者天也，而在人者性也，故下一而字。此而字大有斟酌。若改作之，则其本出于天不见；若径曰在天，则性明为人之性，又嫌不切矣。细玩之，方知一字未可易，顾疑有误，非也。

今人之性，生而离其朴、离其资，必失而丧之。

杨注：言人若生而任其性，则离其质朴而偷薄、离其资材而愚恶，其失丧必也。

案：生而离其朴、离其资，谓生则离之也，故曰"必失而丧之"。既生即离之，则即谓之性恶也可，此荀子之意也。观下文云"性善者，不离其朴而美之，不离其资而利之也"，对照自见。注言"生而任其性，则离其质朴"云云，意欠分晓。

用此观之，然则人之性恶明矣。

王念孙曰：此下亦当有"其善者伪也"句。"人之性恶，其善者伪也"，前后凡九见，则此亦当然。

案：此无"其善者伪也"一句者，是也。下文"所谓性善者"紧接"人之性恶明矣"而言，若插入"其善者伪也"句，则文气反不衔接矣。此当于文章求之，不得以前后一例观也。王说尚未详考。

今人饥见长而不敢先食者，将有所让也。

俞樾曰：注不释长字，盖以为尊长也。然下文云"劳而不敢求息者，将有所代也"，无为尊长任劳之文，则此句长字，亦非为尊长也。长读为粻。《尔雅·释言》："粻，粮也。"

《诗·嵩高篇》"以峙其粻",郑笺曰:"粻,粮也。""见粻而不敢先食",与下文"劳而不敢求息"意正相配。若作"见长",则转与下意不伦矣。

案:见长之长,自当作尊长解。下文不言者,省之也。如此无见长之文,则下文云"将有所代者",将谁代耶? 且后文言父言兄,即承此长字来,以后证前,知此长之为尊长无疑矣。若如俞说,改长作粻,则饥见粻而不敢先食,劳何不曰得荫而不敢求息乎? 劳不曰得荫,则意仍不相配也。

故陶人埏埴而为器,然则器生于工人之伪,非故生于人之性也。故工人斫木而成器,然则器生于工人之伪,非故生于人之性也。

杨注:言陶器自是工人学而为之,非本生于人性自能为之也。或曰:工人当为陶人。○王念孙曰:杨后说以此工人为陶人之误,是也。此文本作"故陶人埏埴而为器,然则器生于陶人之伪,非故生于陶人之性也。故工人斫木而成器,然则器生于工人之伪,非故生于工人之性也"。今本陶人之性,工人之性,皆作人之性,此涉上下文"人之性"而误。下文云"瓦埴岂陶人之性","器木岂工人之性",是其明证矣。

案:此两"非故生于人之性""人"上无陶字、工字,不误。礼义者,生于圣人之伪,非生于人之性。器者,生于陶人、工人之伪,非生于人之性。文正一例。若此改作陶人、工人之性,则前后反不相应。王说非也。

习伪故。

案：习伪故之故，与《庄子·达生篇》"生于陵而安于陵故也"之故同，谓惯习也。

夫感而不能然，必且待事而后然者，谓之生于伪。

王引之曰："谓之伪"三字中，不当有"生于"二字，此涉上"生于"而衍也。

案：伪上有生于二字者，不误。此生于伪，正承上"生于陶人之伪，生于工人之伪"言。下文曰"是性伪之所生，其不同之征也"，不曰"性伪不同"，而曰"性伪所生不同"，明此文之为生于伪，而非仅一伪字矣。王说非也。

假之人有弟兄资财而分者，且顺情性好利而欲得，若是，则兄弟相拂夺矣。

王先谦曰：据下文言"让乎国人"，则非兄弟分财之谓，明"弟兄"二字衍文也。有资财而分，顺情性则兄弟相夺，化礼义则让乎国人，文义正相对待，若兄弟分财而让及国人，非情理所有矣。

案：王说非也。此若无"弟兄"二字，则下言"让乎国人"，正谓分资财而让矣，世有与国人分资财者乎？让国人自别是一事，与此分资财无涉也。

今人之性，固无礼义，故强学而求有之也；惟不知礼义，故思虑而求知之也。

案：性无礼义，性不知礼义，此较告子义外之说犹为过当。然后文曰"涂之人皆有可以知仁义法正之质,皆有可以能仁义法正之具",是自亦不能守其前说矣。

今不然,人之性恶。

杨注:今以性善为不然者,谓人之性恶也。

案:今不然者,谓必用圣王用礼义也。必用圣王用礼义,是人之性恶也,故接曰"人之性恶"。此与"今诚以人之性固正理平治耶?则有恶用圣王、恶用礼义矣哉",正相呼应。杨注"今以性善为不然"云云,未得其解。

众者暴寡而哗之。

杨注:众者陵暴以寡而喧哗之,使不得发言也。○俞樾曰:《礼记·曲礼篇》"为国君华之",郑注曰:"华,中裂之。"此文"哗"字当读为"华"而从"中裂"之训。○刘师培曰:哗当作跨。《说文》:"跨,踞也。"跨与跨同。加人上者谓之跨。《国语·晋语》云"不跨其国",注云"跨犹据也"。据义亦与踞同。《列子·杨朱篇》"而欲尊礼义以跨人",跨人者即《左传》之上人。则此文之哗,即假跨字之义。言众者,据寡者之上而使之出己下也。

案:众之所以夺寡者,正恃在喧哗,哗字殆不可易。孟子曰"一齐人傅之,众楚人咻之",咻亦哗也。俞、刘之说,皆不免穿凿。

问者曰:礼义积伪者,是人之性,故圣人能生之也。

杨注:言礼义虽是积伪所为,亦皆人之天性自有,圣人能生之,众人但不能生耳。○王先谦曰：礼义积伪者,积作为而起礼义也。杨注非。

案：积犹习也。此曰积伪,犹上言"习伪故"之"伪故"矣。伪故两字平列,积伪亦两字平列,故与礼义对文。杨注"积伪所为",谓积与伪两者之所为,非曰积夫伪者而为之也。王氏未会杨氏之意而非之,过矣。且训作"积作为而起礼义",则积之上加一起字,起礼义乃在性之后,安得曰人之性耶？与书意反背矣。

又案：问者之意,乃谓礼义积伪,正惟为人之性,故圣人能生之,盖圣人亦人也。欲以积伪归之人性,以破性恶之说。杨注"圣人能生之,众人但不能生耳",亦未得解。

夫陶人埏埴而生瓦,然则瓦埴岂陶人之性也哉。

杨注：岂陶人亦性而能瓦埴哉？亦积伪然后成也。

案：此注亦非是。当言埏埴生瓦,积伪所成,岂出陶人本性哉？

天非私齐、鲁之民而外秦人也,然而于父子之义、夫妇之别,不如齐、鲁之孝共敬文者,何也？

王念孙曰："于父子之义、夫妇之别"上,当有"秦人"二字,而今本脱之。

案："于父子之义、夫妇之别"上,无"秦人"二字者,疑此文本为秦人作,对秦人言,故省之也。

尧问于舜曰：人情何如？

案：此以下至"唯贤者为不然"，引尧、舜之问答以结上文。自"有圣人之知者"以下至"是下勇也"，与前文义不相属，当别为一节。且不似《性恶篇》文，疑《不苟》、《荣辱》、《儒效》等篇窜入于此。

齐给便敏而无类。

杨注：无类，首尾乖戾。○郝懿行曰：类者善也。

案：无类谓无统类也。类即上"多言则文而类"之类。郝训作善，非，荀书无以类为善者。

析速粹孰而不急。

杨注：析谓析辞，若坚白之论者也。

案：析与晰通，谓明晰也。

恬祸而广解。

杨注：恬，安也，谓安于祸难也。而广自解说，言以解胜人也。

案：恬祸而广解，应连下"苟免"二字为句。广解，谓广自解脱，广解、苟免正一义。注曰"广自解说"，非是。恬祸者，祸未至而慢之；广解苟免者，祸至而求幸免也。

繁弱、巨黍，古之良弓也。

案：自"繁弱、巨黍"以下，当别为一节。此言节靡之道，在于师友，即前"师法之化，礼义之道"意也。

君子篇第二十四

论知所贵,则知所养矣。

杨注:养谓自奉养。○陈奂曰:养,取也。知所养,知所取法也。《周颂·毛传》曰:"养,取也。"是养有取义。注"养谓自奉养",失之。

案:知所养,养者养士也。杨注固非,陈说亦失。

则事业捷成而有所休。

杨注:捷,速也。○郝懿行曰:捷与接同。言相接续而成,故人不得休息也。

案:捷仍以杨注训速为正。

节者死生此者也。

杨注:能为此五者,死生则为名节也。

案:死生此,谓生死皆不出此也。杨注未明。

备而不矜,一自善也,谓之圣。

杨注:一,皆也。德备而不矜伐于人,皆所以自善,则谓之圣人。○郝懿行曰:德备而不矜伐于人,一一自然尽善,非圣人不能也。○王先谦曰:杨注未顺。郝说增文成义,既言备,又言一一尽善,于文为复矣。自,犹己君。德备而不以己之一善自矜,非圣人不能也。

案:此当作"备而不矜,不有善也,谓之圣"。下文"不矜矣,夫故天下不与争能,而致善用其功",承不矜言。"有而不有也,夫故为天下贵矣",承不有言。一者不字之缺脱,自者有字之讹误。若如今文作"一自善也",则下文"有而不有"之言为无根矣。

成相篇第二十五

杨注：以初发语名篇，杂论君臣治乱之事，以自见其意。《汉书·艺文志》谓之《成相杂辞》，盖亦赋之流也。或曰成功在相，故作《成相》三章。○卢文弨曰：成相之义，非谓成功在相也，篇内但以国君之愚暗为戒耳。《礼记》"治乱以相"，相乃乐器，所谓舂牍。又古者瞽必有相。审此篇音节，即后世弹词之祖。篇首即称"如瞽无相何伥伥"，义已明矣。首句"请成相"，言请奏此曲耳。○王引之曰：相者，治也。成相者，成此治也。请成相者，请言成始之方也。○俞樾曰：卢说是也。惟引"治乱以相"及"瞽必有相"以释"相"字，则皆失之。乐器多矣，何独举舂牍为言？既以为乐器，又以为瞽必有相义，又两歧矣。此相字即舂不相之相。《礼记·曲礼篇》"邻有丧，舂不相"，郑注曰："相谓送杵声。"盖古人于劳役之事必为歌讴以相劝勉，亦举大木者呼邪许之比，其乐曲即谓之相。请成相者，请成此曲也。《汉志》有《成相杂辞》，足征古有此体。○郝懿行曰：《诗》云"考慎其

141

相",慎训诚,相训质,诚与成古字通,是即《成相》名篇。篇中"相"字俱读平声。○王先谦曰:案俞说近是。王以成相为成治,于《汉书》之《成相杂辞》及本篇云"托于成相以喻意",义未洽。郝氏读相为平声,尤非。○刘师培曰:俞云"相即春不相之相",其说最确。谓"以成相为请成此曲",则非。章绛曰:"成即打字。今俗犹言打连相,此其证。"其说是也。古成字从丁,丁训为打,今淮南犹以打人为丁人。则成字即打字,是也。

案:今俗言打,即谓作、谓成。章氏以成为打,正倒用之,不如卢、俞说之当也。

论臣过,反其施。

杨注:言论人臣之过,在乎不行施惠。○王先谦曰:言论人臣之过,当反其所施行,即下所云"拒谏饰非,愚而上同"也。杨以施为施惠,非也。

案:反其施者,反其君之所施也。君以自专为过,臣以上同为过,自专、上同,正相反也。

谗人达。

案:达,进也。

卑其志意。

杨注:卑其志意,言无远虑,不慕往古。

案:卑其志意,谓志趣污下耳,正与"大其园囿高其台"反映成文。杨注"无远虑,不慕往古",反失文旨。

142

尧在万世如见之,谗人罔极,险陂倾侧,此之疑。

杨注:言当疑此谗人倾险也。○王念孙曰:疑,恐也,畏也。此之疑,此是畏也。言此倾陂险侧之人,甚可畏也。○俞樾曰:《尔雅·释言》:"疑,戾也。"郭注曰:"戾,止也。疑者亦止。""谗人罔极,险陂倾侧,此之疑",承上文"尧在万世如见之"而言。此之疑者,此之止也。言尧明见万世,虽险陂倾侧之徒,莫不由此而止也。

案:王、俞两家之说皆非也。此之疑,即指尧言。谓尧之德万世如见,而谗人则反疑之也。后文曰"文、武之道同伏戏,由之者治,不由者乱何疑为","何疑""疑"字,即针对此疑字。盖尧、伏戏、文、武,一也,两疑字同,何得有二训乎?

基必施,辨贤罢。

王念孙曰:施,张也。言必欲张大基业,当先辨贤罢也。

案:牧基,谓治之基。治之基,即辨贤罢是也。此曰"基必施,辨贤罢",特倒文耳。王说基为基业,曰"欲张大其基业,当先辨贤罢",以辨贤罢与牧基分而二之,非是。

至治之极复后王。

杨注:后王,当时之王。言欲为至治,当归复后王。谓随时设教,必拘于古法。

案:后王,即承上文、武而言。杨注"后王,当时之王",

非是。说并见前。又注"随时设教,必拘于古法",必上当脱一不字。

复慎墨季惠,百家之说诚不详。

案:复字涉上"复后王"而衍。

众人贰之,谗夫弃之,形是诘。

杨注:众人则不能复一,谗夫则兼弃之,但诘问治之形状。言侮嫚也。或曰:形当为刑。无德化,唯刑戮是诘。言苟暴也。○郝懿行曰:形与刑古字通。诘者治也。《书》曰:"度作刑以诘四方。"

案:"刑是诘","是"即指众人。谗夫言,谓有贰之弃之者,则以刑诘之也。杨注失之。

精神相反,一而不贰为圣人。

杨注:相反,谓反复不离散也。○王引之曰:反当为及,字之误也。精神相及,故一而不贰。杨说失之。

案:反谓复也。杨注不误。如王说,不成辞矣。

治之道,美不老。

杨注:老,休息也。《庄子》曰:"佚我以老。"为治当日新为美,无休息也。

案:"美不老",不老即谓不衰老也。荀书本有"美意延年"之语,注曲为之说,非是。

君子道之顺以达。

杨注:道,言说也。○王念孙曰:道,行也。

案：道，由也。王说为近之。

宗其贤良，辨其殃孽。

顾千里曰：此句以前后例之，应十一字，今存八字，疑尚少三字，无可补也。下文"道古圣贤基必张"，亦应十一字，今存七字，尚少四字。又下文"托于成相以喻意"，案此句例之，应十一字，亦疑尚少四字。本篇之例，两三字句、一七字句、一十一字句，为一章，每章凡四句，每句有韵。其十一字句，或上八下三，或上四下七，各见本篇。唯"下以教诲子第，上以事祖考"，又"埶杨注：埶或为郭。公长父之难，厉王流于彘"两处，则上六下五，虽变例，正可推知其十一字句矣。

案：上八下三，上四下七，其实皆两四字句、一三字句，非有异也。惟"下以教诲子弟，上以事祖考"与"郭公长父之难，厉王流于彘"皆上六字句，下五字句，为变例耳。

尧不德，舜不辞。

案：不德谓不自以为德也。故注有"皆归至公"之语。

辟除民害逐共工。

杨注：今《尚书》舜"流共工于幽州"，此云"禹"，未详。○郝懿行曰：共工益主水土之官，禹抑鸿水，故假言逐去之，非实事也。

案："逐共工"即"流共工于幽州"。《书》以舜言，此以禹言，当各有所据，不得谓"假言，非实事也"。郝说殊武断。且禹逐共工，舜实用之，则归之于舜，即亦未为不可。《荀子》与《尚书》固不相悖也。孟子言"当尧之时，洪水横流，泛滥于天下。尧独忧之，举舜而敷治焉"，敷治水土，人皆知为禹事，而孟子乃言舜，舜与禹岂有二耶？

道古贤圣基必张。

杨注：道说之而贤圣，基业必大张也。

案：此道亦由也，非道说之谓。

反复言语生诈态。

王念孙曰：态读为奸慝之慝。

案：《臣道篇》云："有态臣者，有篡臣者。……巧敏佞说，善取宠乎上，是态臣者也。"盖态即面从，即逢君之恶之谓。此态字亦如是。王氏读为慝，非其义。观下言"争宠嫉贤"、"敛党"、"蔽匿"，与《臣道篇》言"态臣"无二，可见。

君论有五约以明。

杨注：论为君之道有五。谓臣下职一也，君法明二也，刑称陈三也，言有节四也，上通利至莫敢恣五也。

案：君论有五。一、臣下职，二、守其职，三、君法明，四、君法义，五、刑称陈。详后顾氏说。杨注非也。

臣下职。

案：臣下职，谓臣下各任其职也。

君法明，论有常。

杨注：君法所以明，在言论有常，不二三也。

146

案：论，谓论士也。即《王制篇》"王者之论"是也。故下言"进退贵贱"。杨注"在言论有常"，失之。

君法仪，禁不为。

杨注：为君之法仪，在自禁止不为恶。○俞樾曰："君法仪"之"仪"，当读为俄。俄有顷邪之义。"君法仪"与上言"君法明"相对。上云"君法明，论有常"，此云"君法仪，禁不为"，言君法明盛，则其论有常；君法倾邪，则当禁之使不为也。盖此皆蒙上文"臣下职"而言，所陈皆臣道也。

案：仪读作义，谓君法之守义也。君法明、君法义，相对为文，则法仪二字不得相连明矣。《荣辱篇》曰"先义而后利则荣，先利而后义则辱"，是荣辱亦视乎义与不义耳。此下曰"修之者荣，离之者辱"，以荣辱为言，必与义字相关合，以是知仪为义之假字也。俞说亦非是。

莫不理续主执持。

王念孙曰：续当为绩。主执持，当为孰主持。莫不理绩孰主持者，《尔雅》曰"绩，事也"，言百官莫不各理其事，夫孰得而主持之也。上文曰"莫得轻重威不分"，正所谓"孰主持"也。又曰"莫得擅与孰私得"，又曰"莫得贵贱孰私王"，并与此文同一例。

案："主执持"不误，谓五听皆在主自执持也。王说引上文"孰私得"等为例，不知此言五听，文乃别起，不与上相蒙，即不得与上一例也。惟续当作绩，王说得之。

下不私请。

杨注：群下不私谒。

案：下不私请者，下不私其情也。请亦当读作情。

公察善思论不乱。

王先谦曰：伦、论古字通，谓君臣之伦不乱也。

案：论即上"君论有五"、"论有常"之论。王说作伦，非也。

赋篇第二十六

桀纣以乱，汤武以贤。潏潏淑淑，皇皇穆穆。

杨注：潏潏，思虑昏乱也。淑淑，未详，或曰美也。皇皇穆穆，言绪之美也。言或愚或智也。○俞樾曰：淑淑训美，则与潏潏不伦矣。淑当读为踧。《文选·长笛赋》"踧踖攒仄"，注曰："踧踖，迫蹙貌。"《海赋》"苀华踧沑"，注曰："踧沑，蹴聚也。"踧踖之谊亦犹是耳。

案：潏正字为潏，潏与泯同，泯泯淑淑一义，皆清也。杜诗："春流泯泯清。"潏潏淑淑皇皇穆穆八字，皆所以赞智，即皆美辞，与上桀纣汤武无涉。杨以上四字为言桀纣，故以潏潏为思虑昏乱，至淑淑乃不得其解，而曰未详，此未细考之过也。俞氏读淑淑为踧踧，盖亦踵杨氏之误，迁就其说，欲以与昏乱之义相合耳。

周流四海，曾不崇日。

杨注：崇，充也。言智虑周流四海，曾不崇满一日而遍也。

149

案：不崇日，不终日也。《诗》"崇朝其雨"，《毛传》曰："崇，终也。"是崇为终之假字。杨注失之。

明达纯粹而无疵也，夫是之谓君子之知。

王引之曰：疵知为韵。疵下也字，涉上文而衍，《艺文类聚》无。

案：疵下也字，不必为衍文，《艺文类聚》或系省之。

忽兮其极之远也，攭兮其相逐而反也。

杨注：攭与劙同。攭兮，分判貌。言云或慌忽之极而远举，或分散相逐而还于山也。○王念孙曰：忽，远貌。攭者，云气旋转之貌。反，亦旋也。故曰"攭兮其相逐而反也"。杨说皆失之。

案：王说是也。荀书以蠡言云，犹庄子以羊角言风，皆取其盘旋而上也。

君子设辞，请测意之。

杨注：欲君子设辞，请测其意。○王引之曰：杨以意为志意之意，非也。意者度也，言请测度之也。又曰：意之言亿也。

案：意作臆，荀书前已有之。

臣愚不识，请占之五泰。

杨注：五泰，五帝也。五帝，少昊、颛顼、高辛、唐、虞。皆务本，深知蚕之功大，故请验之也。○刘师培曰：五泰，盖神巫之名，与巫咸、巫杨相同。

案：《汉书·郊祀志》曰："天神贵者泰一，泰一佐曰五帝。"而《楚辞·九歌》其一曰东皇太一，则泰一五帝为楚人旧说无疑矣。窃意此所谓五泰，即泰一五帝之谓。盖合曰泰一，分曰五帝，故五帝亦可称五泰。荀卿居楚，又与春申君言，故称楚神以说之。五帝即五方之帝，非少昊、颛顼、高辛、唐、虞也。至刘申叔谓神巫之名，语尤无据。

志爱公利，重楼疏堂。

杨注：欲在上位行至公以利百姓，非谓重楼疏堂之荣贵也。

案：志爱公利，谓好利之人；重楼疏堂，谓其居处之富也。此与"公正无私，见谓从衡"正相对，言忠者疑而贪者贵也。注失之。

呜呼上天，曷维其同。

杨注：言或乱如此，故叹而告上天。"曷维其同"，言何可与之同也。后语作"曷其与同"。

案："曷维其同"、"曷其与同"，皆言何其同。维字、与字，并无义。同谓齐同，即滔滔皆是之意。杨注为"何可与之同"，似未然。

大略篇第二十七

　　人主仁心设焉,知其役也,礼其尽也。故王者先仁而后礼,天施然也。

　　杨注:人主根本所设施在仁,其役用则在知,尽善则在礼。天施,天道之所施设也。此明为国以仁为先也。

　　案:"知其役也,礼其尽也",两"其"字皆指仁言,谓仁心既设,而后知为之役、礼为之尽也。故曰"先仁而后礼"。言礼而不及知者,荀书隆礼,又此以上皆言礼之事,故独以仁礼对提,以见其本末也。杨注尚未晰。

　　禹学于西王国。

　　杨注:西王国未详所说。或曰:大禹生于西羌。西王国,西羌之贤人也。

　　案:西王国,疑即西王母。古史无征,不可考矣。

　　若则有常。

　　杨注:若,汝也。

　　案:"若则有常",若,顺也。谓顺则有常也。

152

敢忘命矣。

案：敢忘命矣，矣犹乎、也。

导之以道而勿强。

杨注：勿强，不欲使其愧也。○郝懿行曰：勿强，谓匪怒伊教，使自得之。注谓不欲使其愧，非。

案：勿强谓不强其所难也。勿强，所以存父子之恩。

仁有里。义有门。仁非其里而处原作虚，从王念孙、陈奂说改。**之，非仁**原作礼，从王先谦、刘台拱说改。**也。义非其门而由之，非义也。**

杨注：仁非其里，义非其门，皆谓有仁义而无礼也。

案：仁有里，谓义也。义有门，谓礼也。此曰"仁非其礼而处之，非仁也"，下文曰"君子处仁以义，然后仁也"，故知仁有里之谓义也。此曰"义非其门而由之，非义也"，下文"行义以礼，然后义也"，故知义有门之谓礼也。杨注里、门皆为礼，非是。

豫哉豫哉。

王先谦曰：《群书治要》作"务哉务哉"。

案："豫哉"，涉前"先事后虑谓之豫""豫"字而讹，当从《群书治要》作"务哉"。务，勉也，与"敬戒无怠"方相应。

庆赏刑罚，通类而后应。政教习俗，相顺而后行。

案：通类之类，即上"以类举"之类，此二句应合上并为一段。

氐羌之虏也。

杨注：谓见俘掠。

案："氐羌之虏也"，虏者，讥之之辞。谓燕君乃如氐羌
野蛮之人，非谓其将为氐羌所俘掠也。下文"不忧其系垒
也，而忧其不焚也"，注谓"氐羌之俗，死则焚其尸，今不忧虏
获，而忧不焚，是愚也"。然则"不忧其系累，而忧其不焚"，
正谓忧为中国如秦齐者所系累，故死而不焚其尸耳。如掠
于氐羌，则焚尸正其俗，何忧不焚之有？注前后自相抵
牾矣。

**今夫亡箴者，终日求之而不得，其得之非目益明也，眣
而见之也。心之于虑亦然。**

杨注：眣谓以眣子审视之也。○俞樾曰：以眣子审视，
岂可但谓之眣乎？眣当读为瞑。《说文·目部》："瞑，低目
视也。"

案：此与《庄子·天地篇》"黄帝遗其玄珠，使知索之而
不得，使离朱索之而不得，使喫诟索之而不得，乃使象罔，象
罔得之"一义，谓有心不如无心也。故"眣而见之"者，谓瞥
而见之也。若如杨注、俞说，眣为审视，为低目视，则终日求
之之时，有不审视低目视者乎？且其言曰"其得之非目益明
也"，是得之之道有在明之外者矣。《解蔽篇》以心之用归以
虚壹而静，虚壹而静，所谓无心也，故曰"心之于虑亦然"。
杨、俞盖皆未得荀书之意。

倾绝矣。

案：倾绝不成文义，绝字当涉下"绝故旧"而误衍。又绝从节声，或假绝作节。

君子之学如蜕，幡然迁之，故其行效，其立效，其坐效，其置颜色出辞气效。

杨注：效，放也。置，措也。言造次皆学而不舍也。

案：《广雅》："学，效也。"学训效，则效亦训学。"其行效"至"置颜色出辞气效"，谓无往不学也。杨注"造次皆学而不舍"，颇得其意。但训效为仿，不如训效为学之更为直捷也。又置颜色，犹《论语》云正颜色。

君子立志如穷，虽天子三公问，正以是非对。

杨注：如穷，似不能通变。至尊至贵，对之唯一，故曰如穷也。○王先谦曰：君子不以穷达易心，故立志常如穷时。虽君相问，必以正对。杨说非。

案：正读为政。问正者，问政也。以是非对，是则是之，非则非之也。

夫尽小者大，积微者著，德至者色泽洽，行尽而声问远。

王先谦曰：案"而"盖"者"之误，四句一例。

案：而犹则也。上用者字，下用而字，此俞氏《古书疑义举例》所谓上下文字变换例也。而不必为者字之误。

不足于行者说过。

杨注：言说太过，故行不能副也。

案：《论语》曰："为之难，言之得勿讱乎。"不足于行者，不知其难，故说常过。杨注谓"言说太过，则行不能副"，是说过者行不足也，义颠倒矣。

壮不论议。

案：论议谓讲论也，非造作论议之谓。

《传》曰：盈其欲而不愆其止。

杨注：止，礼也。欲虽盈满，而不敢过礼求之。

案：止，谓容止也。不愆其止，谓容止不愆也。朱子《集传》引匡衡曰："情欲之感，无介乎容仪；宴私之意，不形乎动静。"即所谓不愆其止。

《小雅》不以于污上，自引而居下。

杨注：以，用也。污上，骄君也。言作《小雅》之人，不为骄君所用，自引而疏远也。

案：污上、居下对文。不以于污上，谓不以罪归上也。故曰"其言有文焉"。文者，婉而不露之谓也。注误。

不自嗛其行者言滥过。

杨注：嗛，足也。谓行不足也。所以不足于行者，由于言辞泛滥过度也。○郝懿行曰：嗛，不足也。言人不知自歉其行者，其言易于滥过而难副。

案：此当作"不自嗛其言行者滥过"，言字误在下也。滥即《论语》"穷斯滥矣"之滥。《论语》言滥，此言滥过，过亦滥也，二字连文耳。不自嗛其言行，嗛仍当如杨注训为足，自足者自信也。人之能甘贫贱者，为能信其言行，内重故外轻也。既不自信，则不免于滥过矣。下文称"古之贤人"，贫贱至食不足、衣不完，然而非礼不进、非义不受，何也？自信故也。故曰"安取此"。此正指滥过言，谓安有及于滥过者乎？若如杨注，则前后文义不相承矣。又此与下"子夏贫，衣若县鹑"条，当合为一条。盖引子夏，正以见自嗛者之不滥过也。

少言而法，君子也。

王先谦曰：案而当训为如，通用字。

案：而当依本训，不得训为如。王氏说误。

天下之人唯各特意哉，然而有所共予也。言味者予易牙，言音者予师旷，言治者予三王。

案：此即孟子"口之于味有同嗜，耳之于声有同听"之说也。

宥坐篇第二十八

夫子为政而始诛之。

杨注：始诛，先诛之也。

案：始诛之，首诛之也。

四曰：记丑而博。五曰：顺非而泽。

杨注：丑谓怪异之事。泽，有润泽也。

案：丑，恶也，非怪异之谓。注非是。又泽，光润也，谓其能文饰。注亦未晰。

《书》曰："义刑义杀，勿庸以即。"

杨注：《书·康诰》言周公命康叔，使以义刑义杀，勿用以就汝之心，不使任其喜怒也。

案：义与俄通。俄，不正也。上所谓贼也、暴也、虐也，皆俄也。证以荀书，益知义当训俄。而后世解书者，胥失之矣。

夫水大遍与诸生。

杨注：遍与诸生，谓水能遍生万物。

案：诸生犹言群生。与，予也。杨注"水能遍生万物"，以生为动字，非也。

主量必平。

杨注：主读为注。量谓坑，受水之处也。

案：主量，谓以水为准也。主当如本字，不读为注。

淖约微达。

杨注：淖当为绰。约，弱也。绰约，柔弱也。

案：淖约犹浸润也，惟浸润故微达。此与《庄子》"淖约若处子"之训不同，不得引彼解此。

由是观之，不遇世者众矣，何独丘也哉。

俞樾曰："由是观之"四字，当在"君子博学深谋"句上。

案："由是观之"四字，不可移上。"博学深谋不遇时者多矣"，所以总结上比干、龙逢、子胥诸人；"由是观之"，即由此诸人观之也。此句本直接"何独丘也哉"，忽又重一"不遇世者众矣"句，以发嗟叹之意，故遂觉不相衔接耳。然细玩之自明，若如俞说，文情失矣。

故居不隐者，思不远；身不佚者，志不广。

案：身不佚，不字涉上文而衍，当作"身佚者志不广"，佚谓安佚也。居不隐、身佚，正一义。

子道篇第二十九 无说

法行篇第三十

礼者,众人法而不知。

杨注:众人皆知礼可以为法,而不知其义者也。

案:法者,以为法也。以为法而不知,即孟子所云"行之而不著,习矣而不察"也,非仅知其可以为法之谓。注失之。

哀公篇第三十一

服古之服。

杨注：服古之服，犹若夫子服逢掖之衣，章甫之冠也。

案：服古之服，谓行古之行也。《宥坐篇》"先王既陈之以道，上先服之"，注曰"服，行也"，是也。此作被服之服，盖以哀公言及章甫绚屦而误。然章甫绚屦，并非衣服，则知服非被服之谓明矣。

舍此而为非者，不亦鲜乎？

杨注：舍去此，谓古也。

案：舍，止也，居也，处也。注谓舍去，非是。

不知选贤人善士托其身焉，以为己忧。

杨注：不知托贤，但自忧而已。○俞樾曰：此十五字为一句。《广雅·释诂》："为，愈也。"为有愈义。故《左传》有"疾不可为"之文。为己忧者，愈己忧也。得贤人善士以托其身，则可愈己之忧，而庸人不知也。杨注失其义。

案：忧，患也。言以为己患也。"以为己忧"四字别为句。庸人不知忧,何从言愈己之忧乎? 俞说非是。

五凿为正,心从而坏。

杨注:凿,窍也。五凿,谓耳、目、鼻、口及心之窍也。一曰:五凿,五情也。庄子曰:"六凿相攘。"司马彪曰:"六情相攘夺。"○郝懿行曰:杨注"五凿,五情",是也。《庄子》"六凿相攘"谓六情,可证。○王念孙曰:杨后说以五凿为五情,颇胜前说。

案:五凿即五官。所以知者,以其对心而言也。然不谓之官而谓之凿者,以其凿而害之,故曰凿也。即《庄子》言六凿,亦不必为六情。言六情者,特注家之说耳。日凿一窍而混沌死,《庄子》自有明文也。为正犹为政。五凿为正,谓五凿为主也。范香溪《心箴》曰:"维口耳目,手足动静,投间抵隙,为厥心病。"足为此文之注矣。

是故知不务多,务审其所知。

杨注:《论语》曰:"子路有闻,未之能行,唯恐有闻。"

案:务审其所知,谓审其知之当否耳,不及于行也。注引子路事,不切。

窃其有益与其无益,君其知之矣。

杨注:窃宜为察。察其有益与其无益,以窃字属下读。

案:窃属下为句,是也。但自为语辞,不训察。若训察,则下又言"君其知之",察与知犯复,又于文不顺,细观自明。

东野子之善驭乎?

王先谦曰:善驭当为驭善,倒文。

案:"东野子之善驭乎",犹言"东野子其善驭乎"。之与其,古书多随用,依本文可通,不必改句也。

上车执辔,衔体正矣。步骤驰骋,朝礼毕矣。

杨注:衔体,衔与马体也。"步骤驰骋,朝礼毕矣",谓调习其马,或步骤驰骋,尽朝廷之礼也。○郝懿行曰:杨注非。此读宜断"体正"、"礼毕"相属,上句言驭之习,下句言马之习也。朝与调古字通。此言马之驰骤皆调习也。

案:五驭有过君表,言朝礼者,当即指过君表言。杨断句不误。如郝说,以"辔衔"相连为句,不知辔可言执,衔不可言执也。

尧问篇第三十二

行微无怠。

杨注：行微，行细微之事也。○郝懿行曰：微者隐也。

案：微谓细微，杨注得之。《强国篇》"积微，月不胜日，时不胜月，岁不胜时"，注亦曰"积微细之事"。郝训微为隐，非也。

天下其在一隅邪！夫有何足致也？

杨注：夫物在一隅者，则可举而致之。今有道，天下尽归，不在于一隅，焉用致也？

案："天下其在一隅邪"，"邪"，叹辞，非反语。在一隅，谓如在居室之内也，故曰"何足致"。杨注失之。

闻之曰：无越逾不见士。

杨注：周公闻之古也。越逾，谓过一日也。○卢文弨曰："曰"，宋本作"日"。注"过一日"，语疑有误。观下所云，则士皆有等，勿因下士与己逾等，不见也。周公于下士厚为之貌，故人人皆以为越逾，则越逾者，过士所应得之分云耳。

165

○俞樾曰：杨注"周公闻之古也。越逾，谓过一日也"，然则《荀子》原文，当作"闻之，无越日不见士"，杨注原文，当作"越日，谓过一日也"。

案：杨注乃以逾字释越字，"越逾"二字当句。注逾字非衍，正文越下衍一逾字，系因注文而误。俞氏误读注文，遂以注为亦衍矣。又正文日字不误，越下亦无日字，细观杨注"谓过一日也"，下一谓字，即正文本无日字可知。若正文有日字，文义自明，杨亦不为之注矣。

颜色黎黑，而不失其所。

案：不失其所，谓不失其自处也。

子曰：为人下者乎？其犹土也！

案："其犹土也"，也当读为耶。后文亦同。

世不详察，云非圣人，奈何。

案："世不详察，云非圣人，奈何"，犹言奈何世不详察而言非圣人乎？倒句也。

166